JN260140

ヴェネツィア物語

塩野七生　宮下規久朗

とんぼの本

新潮社

目次

サン・マルコ聖堂の外壁角に嵌められた赤斑岩の群像「テトラルキ」❷。ローマ帝国末期の東西正副4皇帝の共同統治を記念した像だ。4世紀

「海の都」の美を歩く

談✣塩野七生

長編作品『海の都の物語』で、一千年にわたる
ヴェネツィア共和国の興亡を描き尽くした著者が語る、
国家と芸術家との「幸福なる関係」。

上空からサン・マルコ広場を望む。広場を囲むコの字型の建築群は、ヤコポ・サンソヴィーノが16世紀半ばに整備したもの[103頁参照]。右手前が元首公邸(ドゥカーレ宮殿)、隣にはサン・マルコ大聖堂の十字に配されたドームが見える。広場を囲んでいるのはマルチャーナ図書館やコッレール美術館など。

早朝の大運河(カナル・グランデ)を進む水上バス(ヴァポレット)。観光には1～3日間あるいは1週間有効のチケットを利用するといい。モトスカーフィと呼ばれる水上タクシーもある。

1 ヴェネツィアの〝色彩〟

向かって左を元首公邸、右を図書館 にはさまれた小広場の海際には、12世紀に東方から運ばれた2本の円柱（獅子と聖人を戴く）がそびえ、ここが「海の都」の正面玄関であることを示す。

ヴェネツィアの誕生から死までの一千年の興亡を描いた『海の都の物語』は無論のこと、海戦三部作（『コンスタンティノープルの陥落』『ロードス島攻防記』『レパントの海戦』）そして最近作『十字軍物語』に至るまで、ヴェネツィア共和国に関係する作品を数多く執筆してきました。この街との付き合いはとても長いんです。数十年にわたって、数えきれないほど足を運びました。それでもなお、訪れるたびに観るべきものがあり、新たな発見があります。

フィレンツェ、ローマに暮らして長い私ですが、ヴェネツィアも幾度となく訪れる中で、この街の景観を特徴づけているのは、なによりその「色彩」だと考えるようになりました。他の都市とは決定的に異なる、水と光の織りなす色彩。たとえば、晴れた日に街中を歩いていると、運河の水面に陽光があたってキラキラと輝いている。それが周囲の建物に反射して、独特の色彩が生み出されるのです。元首公邸（ドゥカーレ宮殿）の壁面〔10頁〕は、定着した薔薇色でなく、「漂う薔薇色」になるのです。

この色彩は、ヴェネツィア派の絵画にも深い影響を与えました。ルネサンス芸術を語るとき、ヴェネツィアはフィレンツェと比較されることが多いですが、両者には、はっきりとした違いがある。フィレンツェにおいては、絵画は時として科学的探求のひとつの表現方法でもあった。それに対して、ヴェネツィア絵画では色彩すなわち美そのものの表現に重きが置かれている。

現代のヴェネツィアには、たとえばサン・マルコ広場などに足を向けると、旧共産圏からの観光客の方々がたくさん来ています。失礼ながら、ああいう方々には、私の頭の中から消えていただく。その代わりに、共和国全盛の時代にこの場を闊歩していたであろう、ドイツやフランスの商人、あるいはオリエントからやってきたトルコ人やアラブ人たちを歩かせてみる。そして、自らも歴史物語の登場人物の一人になった気持ちで、ヴェネ

夕陽を受けて薔薇色に煌く元首公邸。目前には海原が広がり、共和国の全盛時代が鮮やかに目に浮かぶ。

ツィアという舞台を歩くのです。普段着ではなく、たっぷりとお洒落をして……。

ここでも「色」が重要になってきます。どんな洋服を着るべきか。レンガ色の街並みのフィレンツェならば、赤がよく映えるし、午後の陽光溢れるローマならば紫色が似合う。では、ヴェネツィアはどうかといえば、なんといっても、街の豊かな色彩を活かす黒、それも深い黒が似合うのです。冬であれば、黒のマントをエレガントにひっかけて歩くのがいい。マントは〝舞台〟にふさわしいだけでなく、実用的でもあります。電車も地下鉄もなければ車もないこの街では、歩き疲れた時にベンチに敷いて休憩することもできるでしょう。この街では、歴史に想いを馳せ、色彩を愉しめばいいのです。

ヴェネツィアだけでなく、イタリアの街を訪れたら、まずはただ、ぶらぶら歩いてみることです。そして、街そのものをじっくりと観察し、味わってください。美術館だけでなく、教会や広場などのひとつひとつが史跡であり、観るに値するものですから。

②ルネサンスが開花したわけ

サン・ロッコ同信会館2階の大広間を埋め尽くすティントレットの作品。天井画の中央列には、写真手前から奥へ《岩から水を湧き出させるモーセ》《青銅の蛇》《マナの収集》❸（1575〜81年）［94〜95頁参照］と重要な3作品が並び、周囲や壁面にも20点以上がひしめく。

ヴェネツィアでもとりわけ多くの観光客が集まる場所、サン・マルコ広場に面した元首公邸(1172年)。まるでレースのように繊細な柱廊はイストリア産の石、上部のピンク色の大理石はヴェローナ産である。

ローマという都市が、古代からバロックまで、それぞれの時代の集積であるのに対して、ヴェネツィアやフィレンツェは、やはりルネサンスの街だと思います。

なぜヴェネツィアでルネサンス文化が花開いたのか。それには当然、さまざまな要因がありましたが、なによりもまず芸術の〝買い手〟が存在したということが大きかった。芸術というのは、お金のないところには育ちません。つまり、芸術家が職業として成り立つ環境ができていたわけです。これはヴェネツィアに限らず、フィレンツェでもローマでも同じこと。ただし、各都市によって、買い手が異なっていた点に留意する必要がある。

〈「ヴェネツィアとフィレンツェは、性格のまるで違う二人の人間のようだ」と書いたのは、フィレンツェの人マキアヴェッリである。

まったく、ルネサンス文明のにない手とされるこの二つの共和国は、同じイタリア人の手になった国かと疑うほどにちがっている〉(『海の都の物語』)

フィレンツェでは、メディチ家に代表

フィレンツェ市街の中心シニョーリア広場に聳え立つパラッツォ・ヴェッキオ。ローマから招かれた建築家アルノルフォ・ディ・カンビオによる設計(1299〜1314)で、現在も市庁舎として使われている。

される商人、ことに金融業者が貴族の地位を手に入れ、事実上の君主として街を支配していました。そうした有力な個人とその一門が、芸術を振興したのです。ルネサンス期に入って人口が増えると、旧市街（ポンテ・ヴェッキオからサンタ・マリア・デル・フィオーレ教会に挟まれた地域）の外側の地区を新たに開発する必要に迫られました。そうすると、ルチェライ家がある一角を整備すれば、メディチ家は対抗して通りの反対側を開発する、さらにピッティ家はアルノ河の向う側を開発するといった具合に、有力商人の一門が競うようにして推進役を務めました。そして、それぞれが優れた建築家や画家、装飾家に仕事を発注します。このように、フィレンツェでは一門の威信や権勢を誇示するために芸術が用いられ、注文を受けた芸術家たちも腕をふるい、競い合ったわけです。

いっぽうヴェネツィアでは、芸術家の雇い主は個人ではなく、共和国でした。政治を担い国家を運営する貴族たち（ノーヴィレ）、商人とその組合（スクオーラ）……。ヴェネツィアでは個人ではなく団体が芸術の買い手となり、政治と芸術が、いわば持ちつ持たれつの関係を築いていたと言えます。

もっともわかりやすい例が、先に触れた元首公邸［右頁］です。日本でいえば国会議事堂と首相官邸がひとつになったような建物ですが、ここでは政府が発注した、ヴェロネーゼやティントレットらによるヴェネツィア・ルネサンス最盛期の傑作の数々が観られます。また、邸内の大評議会室の壁面には、歴代の元首の肖像画が並んでいますが［51頁］、みなその時代の最高の画家が手がけたものです。この元首公邸は非常に開放的な造りになっていて、当時の政治家や経済人あるいは芸術家たちが自由に出入りしていたさまが目に浮かびます。フィレンツェの政治の中枢であったパラッツォ・ヴェッキオ［上］が、まるで要塞のような堅牢な造りになっているのとは対照的です。

もうひとつの例は、サン・ロッコ（聖ロクス）同信会館［11、38〜39、128頁］。ヴェネツィアにおける一般信徒の諸組合（同信会館＝スクオーラ）は、いわば商人たちの集会所、商工会議所のようなもので、専用の礼拝堂も有していました。各組合は、組合員の要望に応じて芸術家を選び、そうした建造物の装飾を依頼したのです。サン・ロッコ同信会館は、コンペで選ばれたティントレットの作品で埋め尽くされています。その報酬として、ティントレットはスクオーラから生涯年金を受け取ったといいます。

つまり、ルネサンス期のヴェネツィアにおける芸術制作は、公共事業のような側面も持っていたと言えるでしょう。「国家と芸術家との共同作業」という幸福なる関係！　そこにヴェネツィア・ルネサンスが開花するわけです。

3 芸術は外交の武器

15世紀

十五世紀、ヴェネツィアは政治家と経済人が一体となって国家を運営することで、交易国家として最盛期を迎えます。その過程で、芸術家たちの活躍の場も広がっていきました。交易と外交は表裏一体のものですが、ヴェネツィアは芸術を外交にも利用しました。

一四五三年、ビザンチン（東ローマ）帝国の首都であったコンスタンティノープルが陥落し、以後はオスマン・トルコがヴェネツィアにとっての仮想敵国になりますが、そのトルコの宮廷に、画家を送り込んだのです。

偶像崇拝を否定するイスラム教では、人間の顔を描くことが禁じられています。芸術家が描くことができるのは花鳥風月や幾何学模様、あるいはコーランの聖句などに限られました。しかし人間の顔ほど雄弁なものはありません。人間の顔を描くということは、現実をきちんと見つめることと同じです。ルネサンス芸術とは、そうしたリアリズムから生まれたものでもある。イスラム世界でルネサンス芸術と呼ぶべきものが生まれなかった理

マインツの大司教で、1483年にヴェネツィアを経由して聖地巡礼の旅に出たベルンハルト・フォン・ブライデンバッハの著作『聖地巡礼』に寄せられた彩色木版画（26×160cm　大英図書館）。同行したオランダ人画家エルハルト・ロイヴィヒの手による。元首公邸など、今と変わらぬヴェネツィアの中心部が描かれている。

由は、人の顔を描くことが禁じられていたからかもしれません。

実は、キリスト教も当初は偶像崇拝を固く禁じていました。ところが、いつしか人の顔を描くことを規制しなくなった。理由は、私の推測ですが、後にキリスト教の本拠地となるローマに、多神教の神々を象った素晴らしい彫像が山のようにあったことが一因ではないか。つまり、ローマに暮らす人々にとって、神とは顔をもつ存在だった。だとすれば、キリスト教徒になった彼らが、キリストの顔を見てみたいと思うのは当然でしょう。自分の信じる神の顔を見たい、それは人間の自然な感情だと思います。こうして、キリスト教では偶像崇拝の禁止が形骸化していきますが、イスラム教は頑なに偶像崇拝を否定し続けたのです。

しかし、権力者が自分の顔を一流の画家に描いてもらい、後世に残したいと望む気持ちは、イスラム教徒も同じだったと思えます。時のスルタン（イスラム圏における君主）、マホメット二世（1432〜81）は、ヴェネツィアに画家の派遣を

MCCCCLXXX
NSIS NOVEM

ジョヴァンニ・ベッリーニ《元首レオナルド・ロレダンの肖像》 名門ロレダン家出身のこの元首(1436〜1521)は、カンブレー同盟戦争(1508 〜 1516年。ヴェネツィア対スペイン、フランス、神聖ローマ帝国、教皇軍との領土を巡る戦い)において軍を率いた。1501年 油彩、板 61・5×45cm ロンドン・ナショナル・ギャラリー

右頁/ジェンティーレ・ベッリーニ《マホメット2世の肖像》 ビザンチン帝国の首都コンスタンティノープルを陥し、オスマン・トルコの版図を拡大したこのスルタンは、西欧の芸術を愛好していた。彼がベッリーニに描かせた居室の壁画は残っていない。1480年 油彩、カンヴァス 70×52cm ロンドン・ナショナル・ギャラリー

要請しました。イスラム圏には優れた肖像画家がいなかったためでしょう。そこで白羽の矢が立ったのが、当時、画壇を支配していたベッリーニ一門の中でも最も優秀と謳われたジェンティーレ・ベッリーニです。ヴェネツィア政府は、トルコとの講和が締結されたばかりであったこともあり、進行中だった元首公邸の壁画修復の任から彼を外し、ただちにスルタンのもとに送り込みました（ちなみに、後を任された弟ジョヴァンニ・ベッリーニは、ヴェネツィアの元首レオナルド・ロレダンの肖像画［17頁］を遺しています）。ベッリーニはマホメット二世にいたく気に入られ、一年半にわたるトプカピ宮殿滞在中に、肖像画［16頁］や、私室の壁画を描いたといわれます。

　また、ヴェネツィアは地形上、資源に恵まれませんでしたから、ルネサンス以前も以後も、国をあげて観光事業を推進してきました。

『海の都の物語』の「聖地巡礼パック旅行」と題した章にも書きましたが、十三世紀中頃に十字軍が敗北して聖地イェルサレムを追われたのち、中近東はイスラム教徒のものに戻ります。しかし、ヴェネツィアをふくめたイタリアの商人たちはほどなくして中近東にもどり、各地に商館を設置し、現地との結びつきを再開します。その中でもヴェネツィアは、敵国であるイスラム諸国に対して、必要な場合には軍事行動をためらいませんでしたが、もう一方で、こうした付かず離れずの絶妙な関係を維持し、自国の利益に結びつけてきたのです。

　十字軍という試みは失敗に終わったにしても、「聖地イェルサレムに行きたい」という〝ニーズ〟は変わらずある。ヴェネツィアはそこに着目し、観光事業を成立させます。

〈聖地巡礼という現象は、イエス・キリストが十字架上で死んだ時からはじまって、イスラム教徒に邪魔されたりしながらも、延々と続いてきた現象なのである。ただ、この宗教的現象にヴェネツィア人が関与するようになると、聖地巡礼は単なる巡礼行ではなくなって、見事に組織された、営利を目的とした立派な事業に一変するのである〉（『海の都の物語』）

　北ヨーロッパから中近東に船で向かう場合、マルセイユから出港する方がずっと距離は短い。しかし、ヴェネツィアの経済人たちは「聖地巡礼パック旅行」という商品を魅力的にプレゼンして、人を集めることに成功しました。ヴェネツィアを巡礼の起点にすれば、質量ともにローマに迫る聖遺物を拝むこともできるし、エキゾチックな街並みを愉しむこともできますよ、と。街中に溢れる優れた絵画や彫刻、建築物も一役買って、これからオリエントに向かおうとする人々のムードは一段と盛り上がるというわけ。しかも、中近東との定期航路を持つ海洋国家ですから、船旅の安全も保障されている。その結果、巡礼者たちはヴェネツィアに集まり、お金を落とすことになる。

　ヴェネツィアは自国の有する芸術という財産を、存分に活用していたといえるでしょう。

4

権力者たちの肖像

16世紀

ティツィアーノ《手袋を持った男》 マントヴァ侯フランチェスコ・ゴンザーガ2世と、ルネサンス期随一の芸術擁護者イザベッラ・デステの息子、フェランテ・ゴンザーガを描いたものとされる。塩野さんは「ティツィアーノ作品の中でも一、二を争う」傑作と評している。1520年頃 油彩、カンヴァス 100×89cm ルーヴル美術館

スペインの黄金時代を築いた絶対君主

フェリペ二世

1527-1598年　カルロスの息子でスペイン、ポルトガル王。新大陸にも手を伸ばしスペインを「太陽の沈まぬ帝国」と呼ばしめた。マドリッド・プラド美術館

動乱の時代を生き抜いた名君

カルロス五世

1500-1558年　スペイン王／神聖ローマ帝国皇帝。生涯にわたりフランス王フランソワ1世と西欧の覇権を争った。ナポリ・国立カポディモンテ美術館

ティツィアーノが描いた偉人たち

オスマン・トルコの最盛期を築いたスルタン

スレイマン一世

1494-1566年　ベオグラード、ブダペストを陥落させ、ハプスブルグ家のオーストリアにまで迫り、ヨーロッパを震撼させた。ウィーン・美術史美術館

ミケランジェロを庇護したルネサンス教皇

パウルス3世

1468-1549年　公会議の招集、離婚した英王ヘンリー8世の破門、イエズス会の認可など、教会改革に力を注いだ。ナポリ・国立カポディモンテ美術館

1547年、ミュールベルクの戦いにおいてプロテスタントの軍勢に勝利したカルロス5世の勇姿。ティツィアーノ《カルロス5世の肖像》 1548年 油彩、カンヴァス 332×279cm プラド美術館

左頁／1649年、バルダッサーレ・ロンゲーナの設計により着工し、完成後にジェノヴァの銀行家が買い上げたカ・レッツォーニコの舞踏室。壮麗な内装が貴族的な社会の到来を感じさせる。

十六世紀の幕開けまであとわずかな一四九九年、ポルトガルの艦隊がアフリカの南端をまわってインド洋に抜け、インドのカリカットに到着したという知らせがヴェネツィアにもたらされました。大航海時代が訪れたのです。これ以後、ヨーロッパの貿易の舞台は、地中海から大西洋沿岸へと移っていくのです。さらに、ヴェネツィアに比べれば圧倒的に多い人口と広大な領土を持つスペインやフランス、イギリスが台頭してくる。オスマン・トルコもギリシア進出を本格化させていきます。こうした国々と、なるべく戦争をせずに関係を維持し、うまく付き合っていく。それが十六世紀以後のヴェネツィアの基本戦略でした。

　そこでまた、そうした国々との外交に活用されたのが芸術家たちです。中でもティツィアーノは、ヴェネツィアがもっていた外交カードでは最高の一枚でした。

　ティツィアーノはヴェネツィア近郊の出身で、ヴェネツィア派どころかルネサンスの最高峰といってもいい画家ですが、その作品はヴェネツィアにはあまり残っていません。作品を見たいと思えば、スペインのプラド美術館やフィレンツェのピッティ宮辺りに行かなければならない。

　ティツィアーノは、ヨーロッパ各国の権力者たちの好む肖像画家のナンバーワンになっていたので、彼らの注文を受けて描いた作品はこの人々の宮廷に送られたからです。ティツィアーノの作品に大作が少ないのは、輸出・運搬の必要からでしょう。当時の権力者たちにとって、ティツィアーノに肖像画を描いてもらうことは、一種のステータスでさえありました。スペイン王兼神聖ローマ帝国皇帝カルロス五世、その子で後継者となったフェリペ二世、故郷ヴェネツィアの元首や主立った経済人はもちろん、ローマ法王や枢機卿、イタリアの有力都市国家の領主たち……［19～21頁］。数え上げればきりがありません。

　外国の王侯の肖像画を描く場合には、王室に出入りしていた外交官や商人に取材して描くことも多かったわけですが、本当にこんな顔だったかどうかはともかく、彼らが「かくありたい」と思うような、勇壮で、それでいて人間味あふれる姿に描かれています。誰もがティツィアーノに肖像画を描いてほしいと望んだのも当然、と思うような。

　そのティツィアーノの才能を、ヴェネツィアは外交戦略に大いに利用したのです。もちろん、ティツィアーノだって、ただ利用されていたわけではない。彼の画料はそうとうに高額でした（ただし、生まれ故郷の村から絵を頼まれた時には、画料の代わりに薪だけを受け取ったといいます）。本当に優れた芸術家は、お金の大切さをわかっているものです。俗っぽくていい。ただし、この種の「俗」を超越する作品を創り出さなければならない。ジョットーがパドヴァの高利貸しの依頼で造ったスクロヴェーニ礼拝堂の神聖さをご覧下さい。依頼した側も創った側も、満足できるような作品こそが後世に残るのです。

　十六世紀、交易で力を失いつつあったヴェネツィアは、前世紀に続いて芸術家たちを外交の場に起用する一方で、絹や毛織物、ガラス、レースといった高額品製造業の振興に力を注いでいました。

5 文化国家としての成熟 ―17世紀―

〈十七世紀のヴェネツィアは〝成熟〟を完成し、平和の甘美な果実を味わう心境に達したかもしれないが、他の国々は、成熟に向ってわき目もふらずに邁進中であったのが、ヴェネツィアの不幸であった〉（『海の都の物語』）

ヴェネツィアが「成熟」に至る道のりにおいて、芸術が果たしてきた役割をお話ししてきました。この、国家自体が「買い手」となって芸術家を育成するという方式は、現代の日本に似ていなくもありません。日本では、文化を振興するスポンサーの多くが企業です。誰に助成金を出すかという人選は、オーナー企業でもない限り、大抵は部長クラスが決めることになっている。部長は失敗したくありませんから、既に評価の定まった人を選びやすい。ヴェネツィア政府のやり方も現代の企業に近く、これと似た傾向がありました。元首はいまで言う社長で、政治家になる前に必ず経済人や軍人を経験していましたから、それなりに個性をもちあわせていましたが、彼らでさえ、大きな壁画などの注文となると、フィレンツェなりローマなりで名の通った定評ある画家を選ぶことが多かったようです。

ローマの場合、大きな注文主はローマ法王や法王庁になります。特に、時の法王の趣味嗜好は、文化政策に如実に反映されました。ピントゥリッキオの絵を好んだアレッサンドロ六世、ラファエッロやミケランジェロの才能を愛したジュリオ二世、バロック期にベルニーニを重用したウルバーノ八世……。法王の衣服は常に白、枢機卿たちは緋色、そして大司教たちは赤紫色と分けられていることにも象徴されるように、ヴァチカンは厳然としたヒエラルキー社会であり、法王の力は絶大なのです。それに引き換え、ヴェネツィアでは部長級で決定する。

一部の者に注文が偏りがちだったからといって、ヴェネツィアの芸術家や文化人の間に、競争がなかったわけではありません。たとえば、ヴェネツィアは、パドヴァ大学を〝国立大学〟として振興しますが、ここでは同じテーマを二人の教授に並行して講義させました。すると、学生の評判の差が歴然としますから、教授もそれぞれ必死になる。パドヴァ大で数学を教えていたガリレオ・ガリレイはそのやり方が嫌で、トスカーナに移りました。トスカーナでは、大公のお喋りの相手以外は研究に専念できたからでした。

また、元首公邸向かいの図書館は、十六世紀半ばに建築家サンソヴィーノ［7頁参照］によって建てられましたが、工事中に屋根が崩落したため彼は逮捕され、ティツィアーノたちの運動で牢から出されはしたものの、再建費用は自腹を切らざるをえなかったのです。ヴェネツィアは決して芸術家や文化人を甘やかさず、むしろシビアに対していたといえます。

フィレンツェでは、また少し様子が違います。市庁舎の近くに集まっていた芸術家の工房（ボッテーガ）は、だいたい一階（ピアノ・テッラ）にあって、通りすがりの市民が窓からひょいと覗くと、親方や弟子が絵を描いているのが見えるわけです。遠慮のないフィレンツェっ子は、「今度の作品はひでぇ出来だ」なんて辛辣な批評を浴びせます。芸術家も気が強いから、その野次に反論したりする。つまり、フィレンツェでは、芸術家たちは市民による批評に鍛えられるというわけです。あれだけ素晴らしい芸術に囲まれ

て過ごしているわけですから、やはり市民の目も肥えていたのでしょう。生粋のフィレンツェっ子であるドナテッロなどは傭兵隊長の彫像制作を依頼されてヴェネツィアに赴きますが、「僕にはあの辛辣な批評が必要だ」と言ってフィレンツェに戻ってしまいました。

ヴェネツィアと並び立つ海運国家であったジェノヴァはどうだったか。マキアヴェッリがフィレンツェとヴェネツィアを「性格の完全にちがう二人の人間のようだ」と評したことは先に述べましたが、おそらくジェノヴァに対してもまったく同じことを言ったに違いありません。国政から芸術の育成までも共同体意識を持って臨んだヴェネツィアに対して、ジェノヴァは徹底した個人主義者の集まりでした。そのためか、政情が常に安定せず、ヴェネツィアのような文化大国にはなり得ませんでした。やはり政治が不安定だと、芸術作品を注文するなどという気になれないものです。優れた芸術作品を作るためには、安定して制作する時間が必要ですし、制作したものを約束通り買い上げてくれる体制が必要なのです。十四世紀末にヴェネツィアに敗れたジェノヴァは、十六～十七世紀、フランスやスペインの支配下に入り、一種の「安定」を得る。まさにその時期に芸術活動が盛んとなり、「ジェノヴァ派」の絵画が生まれたことからもわかるでしょう。

政治の安定は、文化を振興させる最大の秘訣としてもよいくらいですが、もうひとつ、ヴェネツィアに関していえば、法王庁すなわち政教分離を貫いたこと、キリスト教からの自由を維持していたことも大きな要因でした。ミケランジェロも、ヴェネツィアで仕事をしていれば、せっかく作った素晴らしい彫像の股間を布で隠されるなどということはなかったはず。ヴェネツィアは、完璧なキリスト教社会ではなかった。形式上、東方正教のビザンチン帝国の属国であった時代はあるものの、ビザンチン的な社会ではなく、ましてイスラム教社会でもない、つまり常に境界線上にあったのです。これがマイナスに作用すると、アイデンティティが脅かされることになりますが、プラスに作用するとどうか。身近に常に異分子が存在することによって、社会に刺激がもたらされ、適度な緊張感が生まれるのです。進取の精神も育つでしょう。

しかし、大きな流れで見れば、ヴェネツィアの十七世紀は、競争原理や宗教的自由が少しずつ失われ、社会に活力がなくなり、停滞していった時代でした。

上／同じくロンゲーナの設計によるカ・ペーザロ。完成までに58年を費やしたという壮麗なバロック建築。現在は近代美術館・東洋美術館となっており、ミロ、マティス、クリムトらの絵画や現代イタリア人画家の作品、日本や中国の古美術などを収蔵する。

6 優雅なる衰退

18世紀

大西洋航路の発見を受けて、ヴェネツィアの貿易システムにはほころびが顕著になっていきます。代わってオランダが台頭し、さらに十八世紀になるとイギリスが力を持ってくる。海運国としてはもはや衰えを隠せなくなったヴェネツィアは、この時代、観光事業に力を注ぎます。ただし、十五世紀の「聖地巡礼パック旅行」とは性質が異なります。かつての巡礼旅行では、ヴェネツィアは旅の出発地であり、終着地でした。しかし、今回は、ヴェネツィアの街そのものが観光の目的地となったのです。

今もイギリスのエリートたちには、社会に出る前の一、二年のあいだ、海外で自由に遊ぶ〝グラン・トゥール（グランド・ツアー）〟という習慣があります。自分たちの文明の起源をお勉強するための修学旅行のようなものです。十六世紀、主にイギリスやドイツの裕福な家庭の子弟が、ギリシアやイタリア、フランスの諸都市を旅したのが始まりです。私の考えでは、これもまた新しい形の巡礼旅行です。キリスト教の始まりの地であるパレスティーナを訪ねる巡礼に対して、ギリシア・ローマ文明発祥の地を訪ねる巡礼なのだから。彼らのようなエリート観光客たちは、故郷に帰れば権力者の予備軍。文化を通じて、ヴェネツィアに親しんでもらう意味は大きい。ヴェネツィア政府は、そこに目をつけたわけです。なにしろ、数世紀にわたって国家と芸術家が手をたずさえて創り上げてきた、素晴らしい建物や絵画が街中に溢れているのだから、それらを見せるだけでいい。まだカメラも絵葉書もない時代でしたから、デッサン画家を同行するほどの資力がない旅行者は、ヴェネツィアでお土産として風景画や風俗画を買い求めました。そうした需要に応じて登場したのが、カナレットやグアルディといった風景画家や、風俗画家のロンギです。彼らの作品は旅

行者が持ち帰れるような小品が主でした。孤児の少女たちに音楽教育を施したことでも知られる作曲家ヴィヴァルディや、ゲーテをも感嘆させた喜劇作者ゴルドーニらによって、音楽や演劇がヴェネツィアで最盛期を迎えたのも十八世紀でした。

当時から幾多の作家がヴェネツィアに滞在し、紀行文を書いていますが、私はゲーテの『イタリア紀行』がもっとも素晴らしいと思います。彼はまさに、十八世紀の「巡礼旅行」でイタリアを訪れたエリートの代表格です。

ゲーテがイタリアに向けて発ったのは一七八六年九月三日、三十七歳の時ですが、目に映るものすべてに対して、素直に感激している。「諸聖人の日」(万聖節、十一月一日)までにローマに着きたくて、イタリアに入っても、フィレンツェなんてすっ飛ばしてしまう。ところが、早く着き過ぎてしまって、数日間、あえて門の外で泊まり、永遠の都への入都はその日まで待つのです。可愛いでしょう。私が初めてローマに行った時は、まだ二十六歳でしたから、ゲーテよりも早く来たぞ、とすごく嬉しかったものです(笑)。

上/カナレット《キリスト昇天祭におけるブチントーロの帰還》 ジョヴァンニ・アントーニオ・カナール、通称カナレットは、カメラの起源、カメラ・オブスクーラを使ってヴェネツィアの風景画を量産、主に英国人エリート観光客に高く評価された。1732年頃 油彩、カンヴァス 77×126cm 英国王室コレクション

ピエトロ・ロンギ**《仮面の人々の対話》**④ 1701年、金細工職人の一家に生まれたロンギは、同時代の風俗を活写した数多くの作品を遺した。中央の2人は、当時ヴェネツィアで流行していた"Bautta"と呼ばれる仮面付きの黒マント姿。1750年頃 油彩、カンヴァス 62×51cm カ・レッツォーニコ

ローマに先立ってヴェネツィアを訪れたゲーテは、大運河沿いの「イギリス女王館」に宿泊しました。その建物をはじめ、現在では高級ホテルになっているグリッティ宮もホテル・ダニエリも、当時は大商人たちの邸宅でした。運河沿いに建っているのは、船から荷を揚げ降ろしするのに都合がいいからです。一八一五年、スタンダールもイギリス女王館に泊まっています。それから十五年余り後にヴェネツィアを訪れた作家ジョルジュ・サンドとミュッセは、既にホテルに変わっていたダニエリに泊まっている。その頃には共和国は滅亡し（1797年）、オーストリア占領下にあったヴェネツィアでは、商人たちが運河沿いに拠点をもつ必要がなくなってしまっていたのです。

　海洋国家として出発したヴェネツィアは、十六世紀以降は毛織物、ガラス工芸といった手工業製品を輸出する通商国家として大成したものの、その後は衰退して文化国家になっていきました。一千年に及ぶ経済的繁栄を謳歌したこの国は、その豊かさゆえにナポレオンに目をつけられ、最期を迎えることになるのです。

7 ヴェネツィアを旅する人へ

現代

庶民の足であるトラゲット(立ったまま乗り込む渡し船)。

『海の都の物語』を書いていた頃は、サン・マルコ広場近くの路地の奥にあるホテルを常宿にしていました。運河に面していないぶん、宿泊費が安いのです。ゲーテにならって私もイギリス女王館に泊まりたかったのですが、既に廃業し、旅館組合の事務所になっていました。ヘミングウェイみたいに売れっ子作家だったら、ホテル・グリッティに泊まれるけれども、そんなお金はありません。それでいて、往時のヴェネツィアのリーダーたちの気分に迫ろうというのだから、ちょっとした工夫が必要ですね。ですから、そういった名門貴族の邸宅だったようなホテルには、お茶だけ飲みに行くんです（笑）。ホテル・ダニエリには一度だけ泊まりましたが、オフ・シーズンの安い時期でした。窓から運河を眺めて、オリエントからの商船が入ってくる場面を想像しました。そうして、少しずつ執筆の気分を高めていった。想像するのにお金はいりません。

この街を訪れると、しばしば夜を徹して歩き、街を眺めたものです。運河に落っこちてしまうと困るから、灯りは夜通し点いています。その中を、夜が明けるまでずっと歩く。そして、朝一番にサン・マルコ広場のカフェでコーヒーを飲む。ホテルに戻ると、宿の主人に「あなた、ヴェネツィア共和国が健在の頃だったら、スパイだと疑われただろうね」と笑われました。

本土（テッラ・フェルマ）からヴェネツィア本島に向うには、鉄道駅の終点サンタ・ルチア駅かローマ広場（ピアッツァーレ・ローマ）から水上バスに乗ることになります。急行と鈍行がありますが、ぜひ鈍行を選んで下さい。水上バスに乗って窓際に座り、岸辺の建物を眺めていると、ヴェネツィアの建築史が一望できます。十三世紀から十八世紀までの住居を一望できる。ヴェネツィアへの旅の始まりです。サン・マルコ広場あたりで降りるのが普通ですが、その先の造船所（アルセナーレ）や海軍博物館まで足をのばすのも良いでしょう。

ヴェネツィアの大運河には、かつて一本（リアルト橋）しか橋が架かっていませんでした。今も四本だけ（スカルツィ橋、アカデミア橋、コスティトゥツィオーネ橋）。

右／朝まだき、コッレール美術館の通路から望むサン・マルコ広場とサン・マルコ聖堂。
左／サン・マルコ広場の南側の回廊に位置するカフェ・フローリアンの内部。1720年創業。ゴルドーニやカサノヴァ、プルーストなど数多の文化人に愛された。

橋を使わずに対岸に渡りたかったら、渡し舟（トラゲット）で渡ります。この渡し舟は簡易なものだから、乗るとけっこうおっかなくて、つい座ってしまう。地元の人間は慣れているから立っています。この渡し舟で座っているか立っているかで、地元の人間か観光客かの見分けが付くくらい。ゲーテも「渡し舟に立って乗ったぞ」なんて誇らしげに書いています。

ヴェネツィアには庶民的で質素な地区もたくさんありますが、物事を悲観的にしか見ることができない人は、たとえば昔の娼館跡を見ても、「ああ、可哀想」という気持ちになってしまうかもしれません。ところが、私みたいな人間は「この女たちがヴェネツィアの女流文壇を背負っていたんですよ。大したものね」と思う。外国の客と丁々発止で文学論を交わすような娼婦（コルティジャーナ）がいたことを知っていますから。

海に沈みゆく現代のヴェネツィアは、見方によっては哀しい街かもしれません。しかし、これだけのものを遺したのだから、さぞや素晴らしい黄金時代があったに違いない……私はそちらの方を知りたいと思うのです。

ヴェネツィアにいらっしゃるのなら、ぜひ、ヴィスコンティ監督の『夏の嵐』という映画をご覧あそばせ。原題は「Senso（官能）」。ヴェネツィアという街をみごとに描いています。まさしくカメラで描いたオペラ。破滅的な恋愛譚ですが、これを観ずしてヴェネツィアは語れない。最盛期のアリダ・ヴァッリとファーリー・グレンジャーの美しさといったら！　舞台となっているのは十九世紀、オーストリア占領下のヴェネツィアですが、かつて黄金時代があったからこそ、あれほどの絢爛さが宿るのです。

〈私を取り囲むすべてのものは貴重なものばかりである。それは綜合された人力の偉大にして尊敬すべき作品であり、一君主のではなくして、一民族の作りなした立派な記念碑である。そしてたとい彼らの潟がしだいに埋もれ、邪悪の気がこの沼沢の上にただよい、彼らの商業が萎靡沈滞し、彼らの権勢が地に堕ちることがあったとしても、この共和国のあらゆる基礎と本質とは、瞬時たりとも、これを観る者の畏敬の念を傷つけるものではない〉（ゲーテ『イタリア紀行』岩波文庫）

ヴェネツィアは、色彩に溢れた素晴らしい織物のような街。ゲーテも書くとおり、長い歴史の中で、多くの人々のさまざまな考え、想像力によって出来上がった街なのです。歩きながら目にするものひとつひとつに対して、「これは誰それの作品だ」などと考えてはいけない。「ヴェネツィア人が全員でつくったもの」。そう思って下さい。

（二〇一一年十二月、東京にて）

ルキノ・ヴィスコンティ監督『夏の嵐』。イタリア独立運動に揺れるヴェネツィアを舞台に、オーストリア将校とヴェネツィアの貴婦人の悲恋を描く名画。カラー／118分／1954年公開

ヴェネツィア共和国興亡史

421-1797

外交術と貿易と芸術で覇権を握る——
駆け足でたどる、海の都の千年紀

建国と発展 5~10世紀

421年 (伝説上では) 3月25日に建国。

452年 ランゴバルト人やフン族アッティラが北イタリアに繰り返し侵入、周辺住民がラグーナ内の島に移住。ビザンチン(東ローマ)帝国の形式的属国時代が810年まで続く。

697年 ヴェネツィア共和国初代元首(ドージェ)選出。

810年 西ローマ帝国シャルルマーニュ大帝の子ピピンの進攻を受けるも撃退。以後、滅亡まで独立を保つ。ドゥカーレ宮殿が建造される。

828年 聖マルコの遺骨、エジプト・アレクサンドリアから到着。ヴェネツィアの守護聖人となり、サン・マルコ聖堂の建設がはじまる。

976年 火災によりサン・マルコ聖堂焼失。

1000年 元首ピエトロ・オルセオロ2世、アドリア海沿岸部の海賊を撃退しダルマチア地方を併合。アドリア海の制海権を掌握。

地中海制覇への道 11~14世紀

1063年 サン・マルコ聖堂の再建はじまる。

1082年 ビザンチン帝国と条約締結。帝国海軍を受け持つ代償に免税特権・商業基地を獲得。

1123年 エジプトに勝ち、パレスチナ地方の商業圏を獲得。

1172年 ドゥカーレ宮殿改築(列柱廊と開廊を備えた開放的建築に)。

1177年 ヴェネツィア条約締結(教皇アレクサンデル3世と神聖ローマ皇帝フリードリヒ1世の停戦を斡旋)。

1204年 第四次十字軍に便乗しコンスタンティノープルを占領。数多の財宝、美術品、

1483年 ジョヴァンニ・ベッリーニが共和国公式画家を拝命。

1488年 ベッリーニ、《フラーリの祭壇画》に着手。

1490年 ヴィットーレ・カルパッチョ、《聖ウルスラ伝》の制作にとりかかる。

1494年 デューラーがヴェネツィアを訪れる。

1500年 レオナルド・ダ・ヴィンチがヴェネツィアを訪問し、短期間滞在。

爛熟の共和国 16世紀

1505年 ジョルジョーネ、《嵐》を描く。

1508年 教皇庁、神聖ローマ帝国、スペイン、フランスを中心にカンブレー同盟が成立。ヴェネツィアとの間に領土再分配を求めて戦争が起こる(カンブレー同盟戦争)。共和国最大の危機を迎えるが、外交戦略を駆使して回避。1517年にボローニャ条約を締結し終戦。

1515年 マウロ・コドゥッシがサン・マルコ広場の時計塔を完成。

1537年 ヤコポ・サンソヴィーノがサン・マルコ図書館、ゼッカ、ロジェッタを完成させ、サン・マルコ広場は現在のような空間に。

1542年 ティツィアーノが《イサクの犠牲》を描きはじめる。

1548年 ティントレット、聖マルコ同信会館大広間に《奴隷の奇跡》を描く。

1571年 オスマン帝国にキプロスを奪われたことを契機に、ヴェネツィアは教皇庁、イスパニアと神聖同盟を形成。レパントの海戦へと発展し、キプロスを奪還。

1573年 オスマン帝国と講和条約を締結し、キプロスを割譲。ヴェロネーゼ、《最後の晩餐》を発表。

1477/78頃-1510
GIORGIONE
ジョルジョーネ

1477/89-1576
TIZIANO VECELLIO
ティツィアーノ・ヴェチェッリオ

1518-94
JACOPO TINTORETTO
ヤコポ・ティントレット

1258年 聖遺物がヴェネツィアにもたらされる。第一次対ジェノヴァ戦争。以後、断続的に勃発。

1271年 マルコ・ポーロ、東洋へ出発。同年、イタリア最古の画家組合が成立。

1297年 元首ピエトロ・グラデニーゴが政治改革に着手。国会議員が終身制となり、事実上の貴族階級が生まれる。

1310年 クィリーニらによるクーデター未遂事件が発生。これを機に世界初の公安組織「十人委員会」が設置されることに。

1345年 パオロ・ヴェネツィアーノ、息子らとともにサン・マルコ聖堂の《フェリアーレ祭壇画》を制作。

1355年 元首マリーノ・ファリエールが国家反逆罪により斬首に。彫刻家フィリッポ・カレンダーリオも連座し縛り首に。

1378年 第四次ジェノヴァ戦で勝利。

黄金時代 15世紀

1404年頃 ナポリを退けヴェローナ、パドヴァなどイタリア北東部の主要都市を併合。

1444年頃 アントニオ・ヴィヴァリーニ、義弟とともにサン・ザッカーリア聖堂に《ロザリオ祭壇画》を描く。

1446年 ヴェネツィアの領土拡大に危機感を募らせたミラノ、フィレンツェ、ボローニャ、クレモナの連合軍と戦う。

1453年 オスマン帝国がコンスタンティノープルに侵攻。ヴェネツィアが援軍を送るも陥落。ビザンチン帝国は滅亡。

1454年 ローディで平和条約を締結。

1470年 第一次トルコ戦争勃発。ネグロポンテを失う。

1475年 アントネッロ・ダ・メッシーナがフランドル風の油彩画技法をもたらす。

ヴェネツィアを彩った巨匠たち

1426/34-1516
Giovanni Bellini
ジョヴァンニ・ベッリーニ

1455頃-1525頃
Vittore Carpaccio
ヴィットーレ・カルパッチョ

異端審問にかけられ題名変更を余儀なくされる。

1575年 ペスト大流行。翌76年にはティツィアーノも犠牲に。

1585年 日本から天正遣欧少年使節が来る。

1588年 倒壊していた木造のリアルト橋を石造にするためのコンペを開催。アントニオ・ダ・ポンテの案が採用に。

衰退の兆し 17世紀

1629-30年 再びペストが大流行し、人口の約3分の1が犠牲に。ペストの収束を記念してロンゲーナ設計のサンタ・マリア・デラ・サルーテ聖堂が建立される。

1645年 クレタ島をめぐりオスマン帝国との間でカンディア戦争が勃発。戦いは泥沼化し、69年に講和条約を結ぶもクレタは割譲された。

1683年 オスマン帝国による第二次ウィーン包囲。ヴェネツィアは神聖同盟の一員として戦争に参加し勝利に貢献するも、トルコに奪われた東地中海の拠点奪還には至らず。

凋落と滅亡 18世紀

1714年 再びオスマン帝国との間で戦争が勃発。

1718年 パッサロヴィッツ条約締結。このときに定められた版図が、ヴェネツィア共和国滅亡まで守られた。

1727年 サンティ・ジョヴァンニ・エ・パオロ聖堂の天井に、ピアツェッタが《聖ドミニクスの栄光》を描く。

1754年 ティエポロ、ピエタ聖堂の天井に《信仰の勝利》を描く。

1797年 ナポレオン・ボナパルト率いるフランス軍に降伏、共和国は滅亡。カンポ・フォルミオの条約により、オーストリア支配下に入る。

1528-88
Veronese
ヴェロネーゼ

1696-1770
Giambattista Tiepolo
ジャンバッティスタ・ティエポロ

1697-1768
Canaletto
カナレット

ヴェネツィア市街地図

色文字は建物および展示品の写真を掲載したところ。
各色は「ヴェネツィア美術案内」初出の章に対応しています。

■＝1章（42〜53頁）　■＝2章（58〜77頁）
■＝3章（82〜103頁）　■＝4章（110〜125頁）

A
B
本土へ
1
2
3
4
S. Alvise
Orto
Rio di S. Girolamo
Rio della Sensa
マドンナ・デッロルト聖堂
Madonna dell'Orto
Tre Archi
Fondamenta degli Ormesini
リベルタ橋 Ponte della Libertà
サン・ジョッベ聖堂
San Giobbe
Fond. della Misericordia
Rio della Crea
Guglie
ラビア宮
Palazzo Labia
ヴェンドラミン・カレルジ宮
Palazzo Vendramin Calergi
サンティ・アポストリ聖堂
Ss. Apostoli
トロンケット島
Isola del Tronchetto
サンタ・ルチア駅
Stazione F. S. Venezia S. Lucia
S. Marcuola
カ・ドーロ
(フランケッティ美術館)
Ca' d'Oro
カナル・グランデ(大運河)
CANAL GRANDE
Rio Terrà Lista di Spagna
Riva di Biasio
Strada Nova
リ・スカルツィ聖堂
Gli Scalzi
トルコ人商館(自然史博物館)
Fondaco dei Turchi
S. Stae
Ferrovia
スカルツィ橋
Ponte degli Scalzi
サン・スタエ聖堂
San Stae
Ca' d'Oro
モチェニーゴ宮博物館(織物・服飾史研究所)
Museo di Palazzo Mocenigo
カ・ダ・モスト
Ca' da Mosto
カ・ペーザロ(近代美術館)
Ca' Pesaro
Pescheria 魚市場
P.le Roma
Rialto Mercato
サン・ジャコモ・リアルト聖堂
San Giacomo di Rialto
コスティトゥツィオーネ橋
Ponte della Costituzione
おっぱい橋
Ponte delle Tette
福音書記者聖ヨハネ同信会館
Scuola Grande di San Giovanni Evangelista
ドイツ人商館
Fondaco dei Tedeschi
ローマ広場
Piazzale Roma
リアルト橋
Ponte di Rialto
Rialto
サン・ポーロ聖堂
San Polo
サンタ・マリア・グロリオーサ・デイ・フラーリ聖堂
Basilica di Santa Maria Gloriosa dei Frari
サン・サルヴァドール聖堂
San Salvador
パパドーポリ宮
Palazzo Papadopoli
S. Silvestro
Bacino Stazione Marittima
Rio di S. Maria Maggiore
聖ロクス同信会館
Scuola Grande di San Rocco
グリマーニ宮
Palazzo Grimani
Rio Terrà dei Pensieri
S. Tomà
S. Angelo
カ・ファルセッティ
(市役所)
Ca' Farsetti
サン・パンタロン聖堂
San Pantalon
コルネール・スピネッリ宮
Palazzo Corner Spinelli
ロレダン宮(市役所)
Palazzo Loredan
カ・フォスカリ(ヴェネツィア大学)
Ca' Foscari
サント・ステファノ聖堂
Santo Stefano
グラッシ宮
Palazzo Grassi
フェニーチェ劇場
Teatro La Fenice
カ・レッツォーニコ(ヴェネツィア1700年代美術館)
Ca' Rezzonico
S. Samuele
S. Marta
Ca' Rezzonico
サン・モイゼ聖堂
San Moisè
サン・バルナバ聖堂
San Barnaba
サンタ・マリア・デル・ジーリオ聖堂
Santa Maria del Giglio
アカデミア橋
Ponte dell'Accademia
コルネール宮
(カ・グランデ)
Palazzo Corner
(Ca' Grande)
サン・セバスティアーノ聖堂
San Sebastiano
Accademia
Giglio
オニサンティ聖堂
Ognissanti
アカデミア美術館
Gallerie dell'Accademia
バルバロ宮
Palazzo Barbaro
Salute
税関の岬
Punta della Dogana
S. Basilio
サン・トロヴァーゾ聖堂
San Trovaso
ペギー・グッゲンハイム美術館
Collezione Peggy Guggenheim
Fondamenta Zattere
Ponte Lungo
ザッテレ
Zattere
サンタ・マリア・デラ・サルーテ聖堂
Santa Maria della Salute
Zattere
ジェズアーティ聖堂
Gesuati
Sacca Fisola
オスペダーレ・デリ・インクラービリ跡
Ex-Ospedale degli Incurabili
ジュデッカ運河
CANALE DELLA GIUDECCA
Fond. S. Biagio
Palanca
Fond. della Croce
Fond. S. Giacomo
Redentore
ジュデッカ島
La Giudecca
レデントーレ聖堂
Il Redentore
N
0
300m
A
B

Scuola Grande di San Rocco
聖ロクス同信会館 | 1549年 |

1517年、バルトロメオ・ボンによって建設が開始され、1549年に完成。ペスト患者の守護聖人聖ロクスの名を冠し、病人や貧者の救済を目的とした慈善施設である。内部の装飾はティントレットが20年以上の歳月をかけて取り組んだ、まさにライフワーク。

3 5 6 47 62

地図B-2

Museo Correr
コッレール美術館 | 16世紀中頃 |

サン・マルコ聖堂の正面、ナポレオン翼の2、3階。1830年に遺贈された大富豪アボット・テオドーロ・コッレールのコレクションを中心に展示。絵画、ガレー船の模型、古地図、中世の硬貨など、往時のヴェネツィア人の風俗や生活を知ることができる。最初の展示室には新古典様式の装飾が。

20 33 34 35

地図C-3

Il Redentore
レデントーレ聖堂 | 1592年 |

ジュデッカ島内に建つパラーディオ設計の教会。1576年のペスト終息を記念して77〜92年にかけて建造された。古代ローマ様式の建築は内外ともにシンプルな作りになっており、とくに光の取り入れ方が簡素で優しい。

地図C-4

San Salvador
サン・サルヴァドール聖堂 | 16世紀 |

リアルト橋をサン・マルコ広場側に降り、マッツィーニ・メルチェリア通りを少し入ると右手に姿を現す聖堂は、16世紀のジョルジョ・スパヴェントの設計になるもの。内部はルネサンス様式で統一され、正面祭壇にはティツィアーノ《キリストの変容》が飾られている。

41

地図C-2

San Sebastiano
サン・セバスティアーノ聖堂 | 16世紀 |

中心部から西側へ少し外れたザッテレ海岸の先の細い路地を抜けると、ルネサンス様式の白い聖堂が目に入ってくる。建築は地味だが、内部はじつに豪華で、後陣の祭壇画、オルガンの扉、聖具室・身廊の天井も、すべてヴェロネーゼによる装飾となっている。

50

地図B-3

San Giorgio Maggiore
サン・ジョルジョ・マッジョーレ聖堂 | 1610年 |

本島にもっとも近い対岸の島にあり、その名を冠した聖堂は、アンドレア・パラーディオの傑作として名高い。1565〜1610年にかけて建造され、礼拝堂の正面と静謐な内部空間は、古代ローマの古典様式を取り入れている。鐘楼に登ると町とラグーナの全景が一望できる。

7 44 48 64

地図D-4

Gesuati
ジェズアーティ聖堂 | 1668年 |

1668年にドメニコ修道会に加わったこの聖堂は、ジョルジョ・マッサリの手になるもので、ファサードの4本のコリント式円柱が目を引く。ティエポロ《ロザリオの制定》があるため、サンタ・マリア・デル・ロザリオ聖堂とも呼ばれる。

66

地図B-3

Santa Maria della Salute
サンタ・マリア・デラ・サルーテ聖堂 | 1687年 |

大運河（カナル・グランデ）の入り口に建つ。水上からサン・マルコ広場への目印。1630〜31年頃に共和国の守護者聖母マリアに捧げるために建設された。設計はロンゲーナだが、聖堂が完成したのは彼の死から5年後のこと。ヴェネツィア・バロック様式最大の傑作。

39 58

地図C-3

Gesuiti
ジェズイーティ聖堂 | 1714年 |

1714年、それまで50年間にわたってヴェネツィアを追放されていたイエズス会が、ふたたび市内に入って作った聖堂。ドメニコ・ロッシが手がけた建築は、ねじれ柱、金と漆喰、象嵌細工など、外装内装ともにバロック様式。

40 60

地図C-2

La Pieta
ピエタ聖堂 | 1736年 |

もともとは15世紀の造営だったが、1736年にコンペで優勝したジョルジョ・マッサリが再建。1906年には古典様式のファサードが付け加えられた。教会内部は楕円のプランになっていて、ここで音楽教師を務めたヴィヴァルディを偲ぶコンサートなどが開催されている。

67

地図D-3

Gallerie dell'Accademia
アカデミア美術館 | 1750年 |

1750年、ジョヴァンニ・バッティスタ・ピアツェッタにより創設された美術学校が起こり。ヴェネツィア六大スクオーラ（相互扶助団体）のひとつカリタ同信会の修道院内に置かれていたが、1817年に一般公開。コレクションは14〜18世紀のヴェネツィア派絵画が中心。

19 24 29 30 37 43 45 49

地図B-3

Ca' Rezzonico
カ・レッツォーニコ | 18世紀 |

17世紀半ば、ボン家がロンゲーナに依頼して設計が始まったが、ロンゲーナの死とボン家の財政難により中断。その後18世紀にレッツォーニコ家所有となり、ジョルジョ・マッサリにより完成したバロック様式の館。1936年に一般公開され、18世紀のヴェネツィア美術品、家具調度品などを展示している。

4 63

地図B-3

水上都市を彩る遺構

聖堂や貴族の館には巨匠たちの傑作がひしめく。
その神髄を、建築空間とともに味わいたい。

Basilica di San Marco
サン・マルコ聖堂｜11世紀後半｜

2度の再建を経て、1090年代に総督ヴィターレ・ファリエルの時代に聖別を受けたのが現在の聖堂の基礎となった。コンスタンティノープルにあった聖使徒聖堂を模した建築は十字型平面で、中央部に円蓋をもつ典型的なクロス・ドーム形式はビザンチン建築。名実ともにヴェネツィアの精神的象徴である。

2 8 9 10 11 12 15

地図C-3

Santa Maria dei Miracoli
サンタ・マリア・デイ・ミラーコリ聖堂｜15世紀｜

《聖母子》の絵を安置するために、ピエトロ・ロンバルドと息子トゥッリオによって15世紀に誕生。建築は初期ルネサンス様式の傑作で、「ヴェネツィアの宝石箱」とも称される。地元ヴェネツィア人に愛される教会で、ここで結婚式を挙げるカップルも多いとか。

地図C-2

Palazzo Ducale
ドゥカーレ宮殿｜1172年｜

810年に元首の居城として建設されるも、度重なる火災で焼失と再建を繰り返した。1172年、それまでの要塞型から列柱廊と開廊を備えた建築に生まれ変わる。14〜15世紀にかけて増築され、ほぼ現在の姿に。階層毎にことなるゴシック建築が開放感を演出する。名実ともにヴェネツィアのシンボルといえる。

13 14 17 18 51 52 53 54

地図C-3

Basilica di Santa Maria Gloriosa dei Frari
サンタ・マリア・グロリオーサ・デイ・フラーリ聖堂｜15世紀中頃｜

サン・ポーロ地区の心臓部に建つ、ヴェネツィアでもっとも重要な教会の一つ。ゴシック様式の聖堂で、1250年から1330年にかけてフランシスコ会の修道士によって建立され、15世紀半ばに現在のかたちに拡張された。鐘楼はサン・マルコ聖堂に次ぐ高さを誇る。

1 16 23 27 38 57 59

地図B-2

Ca'd'Oro
カ・ドーロ（フランケッティ美術館）｜1434年｜

マルコ・ダマーディオが設計し、マッテオ・ラヴェルティ、ジョヴァンニとバルトロメオのボン親子が手がけた貴族邸宅。1434年建立。大運河（カナル・グランデ）に面し、花模様の装飾で埋め尽くされ、かつては黄金で覆われていたファサードは、ヴェネツィア・ゴシック様式の代表。現在は美術館として一般公開中。

25 36

地図C-2

Madonna dell'Orto
マドンナ・デッロルト聖堂｜15世紀｜

14世紀半ばの創建だが、15世紀に大規模改修が行われ現在の姿に。豪華に装飾されたファサードをもつゴシック建築である。元来、聖クリストフォルスに捧げられた聖堂だが、付近の菜園から奇跡の聖母子像が発見され、以来聖母マリアに捧げられるようになった。

46

地図C-1

Scuola di S. Giorgio degli Schiavoni
スキアヴォーニ同信会館｜1451年｜

スキアヴォーニとは、ヴェネツィアの属領だったダルマチア（現在のクロアチアにあたる）人のことで、1451年に同信会の設立を許可された。こぢんまりとした建物ながら、カルパッチョの精緻な壁画に囲まれた空間は比類がない。

31 32

地図D-3

San Giovanni Crisostomo
サン・ジョヴァンニ・クリソストモ聖堂｜16世紀初頭｜

1497年から1504年にマウロ・コドゥッシによって建設された。ギリシャ十字型のプランをもつ内部にはジョヴァンニ・ベッリーニやセバスティアーノ・デル・ピオンボの重要な祭壇画がある。

地図C-2

Basilica dei Ss. Giovanni e Paolo
サンティ・ジョヴァンニ・エ・パオロ聖堂｜14世紀前半｜

25人もの歴代総督の墓があるヴェネツィアのパンテオン。13世紀末〜14世紀前半にかけて、ドメニコ会修道士によって建築された壮大な建物は、フラーリ聖堂に比肩する。聖堂前の広場にはヴェロッキオ制作の《コレオーニ将軍騎馬像》が厳かに立っている。

26 42 55 56 65

地図C-2

San Zaccaria
サン・ザッカーリア聖堂｜16世紀｜

9世紀の創立だが、1105年の大火災で焼失。15世紀半ばから16世紀にかけて再建された。アントニオ・ガンベッロが手がけたゴシック様式に、マウロ・コドゥッシが古典ルネサンス様式を加えて完成した聖堂は、スキアヴォーニ河岸にほど近い広場に佇んでいる。

21 22 28 61

地図D-3

●数字は本文中に登場する作品の番号です。●の色はⅠ〜Ⅳ章に対応しています

ヴェネツィア美術案内

文+宮下規久朗

比類のない歴史と特異な景観に育まれた
「アドリア海の女王」の美の遺産。
その豊穣なる世界を、味わい尽くす!

聖ロクス同信会館といえば、ティントレットの作品で埋め尽くされていることで有名だが、もうひとつの名物はこの大階段。右手はアントニオ・ザンキ作の**《ペスト退散を聖母に祈る聖ロクス》**(1666年)⑤、左はピエトロ・ネグリ作の**《ペスト終結をヴェネツィアにもたらす聖母》**(1673年)⑥。ペストが蔓延し、美術も衰退した17世紀ヴェネツィアの暗黒時代を象徴する作品を、食い入るように見つめる著者。

はじめに

ロシアの文豪ツルゲーネフは小説『その前夜』で、ヴェネツィアを訪れると、幸福な人はますます幸福になり、不幸な人はさらに不幸を感じると書いている。ヴェネツィアは人の気持ちを高揚させ、またときに落ち込ませる稀有な都市である。ただ、美術に興味がある者にとって、これ以上楽しい町はない。ヴェネツィア絵画ほど、絵を見る歓びを感じさせてくれるものはないだろう。先の小説の主人公の男も、死を前にしながら、恋人とともにアカデミア美術館でティントレットの絵を見て笑い転げるのだ。

この町は、陸地から4キロほど離れた、アドリア海のラグーナ（潟）に浮かぶ118の小さな島からなる。島々の間を運河が縦横に走り、400もの橋がこれをつないでいる。寄木細工のような町の隅々にまで古い歴史が息づき、どんな細部にもいわれがあるようだ。乳母車以外の車が禁止され、自動車のないひっそりとした道を歩くと、その歴史の重みがあちこちから伝わってくる。はるかな昔、無数の杭をラグーナに打ち込んで作った人工的な都市が今にいたるまで存続し、しかも1100年にわたって「アドリア海の女王」として繁栄を謳歌した、独立の都市国家であったということだけでも驚異であり、蜃気楼のように海に浮かぶ幻想的な景観は誰しもをひきつけてやまない。このようなヴェネツィアのユニークさや景観の美しさはここでいちいち述べるまでもなく、歴史家ブローデルの言うように、古来、無数の文人墨客が、ヴェネツィアについて「運河を真っ黒にするほどに」大量のインクをたれ流してきた。

ヴェネツィアが文化史上もっとも重要なのは、都市の成り立ちや景観よりも、その美術によってである。イタリアは中世から近代にいたるまで西洋美術の中心として、国際ゴシ

ック、ルネサンス、マニエリスム、バロックといったムーヴメントを生み出してきたが、ヴェネツィアは、そのいずれの潮流にも独自の貢献をし、ローマ、フィレンツェと並ぶ美術の都であった。多くが売却・略奪されたとはいえ、今なおヴェネツィアは世界でもっとも優れた美術作品であふれている。

ヴェネツィアで美術が発展したのには多くの理由がある。東西の文化が流入する地理的条件や豊かな経済力に加え、都市国家として長く独立を保つ過程で培われた強い愛国心があった。美術史家ベレンソンが指摘するように、ヴェネツィア人は国家の偉大さや名声を高めるためには何でもし、それによって町そのものを壮大な記念碑にしようとした。繰り返される行事や式典が、壮麗さを愛し、美や歓楽を好む気風を育んだのである。

ヴェネツィア絵画は、16世紀以降、400年にわたって、西洋絵画の最高級ブランドであり続けた。この町の生み出した絵画は、モザイク、油彩画、フレスコと、いずれも色彩豊かで華麗だ。ヴェネツィアでこうした絵画様式が発生し、発展したのを、この町の環境に求める考えがある。水に浮かぶヴェネツィアでは、空と海が近接し、どこもかしこも水の反射によって非常に明るく、色彩もきわめて鮮明に映る。一方、水蒸気は逆に色彩を吸収することもあり、とくに冬にはすべての光景をモノクロームに還元してしまう。湿潤な大気のうちに不断に移ろうこうした視覚体験から、色彩に敏感な感性が育まれ、線描よりも色彩を重視するヴェネツィア絵画が生まれたというのだ。どんな地域でもその自然環境と美術とは関係があるが、ヴェネツィアを歩き、その風光にどっぷり浸かってからヴェネツィア絵画を見ると、それらが環境とよく調和していることがわかる。ヴェネツィア美術はヴェネツィアで見るべきものなのだ。美術というものが人間に至福をもたらすことがあるとすれば、それはどこよりもヴェネツィアにおいてであると思う。このヴェネツィア美術の豊饒な世界をじっくりご案内しよう。

[右から]壮麗なカ、パラッツォ(貴族や商人の邸館・宮殿)の連なる大運河/火事で焼失したティツィアーノ作品の模写[88頁参照]/サン・マルコ聖堂のファサード手前にはコンスタンティノープルからの略奪品の馬(レプリカ)が/**《ペーザロの祭壇画》**㊳があるフラーリ聖堂の側廊。画中の2本の円柱と、堂内の実際の円柱が等間隔で並んで見えるように、構図を工夫している[88頁参照]/ティントレット**《最後の晩餐》**❼[95頁参照]/本書の水先案内人。カ・ドーロの中庭にて。

第 I 章

ラグーナの暁光

ビザンツからゴシックへ

15世紀前半まで

サン・マルコ聖堂は、建築様式もモザイクの図像もビザンツ起源で、西欧の教会とは思えない、東方的な雰囲気にみちている。金色に輝くモザイクの表面積は約4000平方メートル。写真突き当たりの内陣には、福音書記者聖マルコの遺骸を納めた石棺を安置する。

ヴェネツィアの発祥と繁栄

ヴェネツィアは伝説上では、421年3月25日に建国されたことになっている。この日は受胎告知の日であったため、ヴェネツィアは聖母の都市となり、聖母のイメージはつねにヴェネツィアという都市のそれと重なることになった。実際には、ゲルマン民族大移動のとき、西ゴート族、ランゴバルト族、フン族らの蛮族から逃れた人々がラグーナ（潟）の泥沼や小島に移り住んだのが発祥とされるが、さらには古代ローマ時代の州「ウェネティア」に遡り、ラグーナにはヴィラ（別荘）があった。建国当初は文化らしいものをもたず、多くは漁労に従事し、やがて塩の交易によって利潤をあげ、魚と塩を運搬する河川交易を独占するようになった。彼らはローマ帝国の後継者であるビザンツ帝国との結びつきを強め、自治権を与えられた。それにより、イタリア半島での脆弱な立場を補強したのである。ビザンツ帝国こそヴェネツィア文化の源流であり、そこから絶え間なく第一級の文物が流れ込んだことで、ヴェネツィアは中世の文化を開花させたのだった。

697年には最初のドージェ（元首、総督、統領）を選出し、以後1100年で120人のドージェが輩出した。当初はビザンツ帝国の一州における最高司令官にすぎなかったドージェは、後にはヴェネツィアの元首となる。やがて議会が整備され、またドージェの地位が世襲とならぬよう選出方法は複雑をきわめた。

ヴェネツィアの中心は、当初は陸地に近いトルチェッロ島や港のあるマラモッコにあったが、フランク王国の侵攻を受けて後、政体の中心はより防御しやすいリヴォアルト（現在のヴェネツィア本島）に移行した。

紀元1000年にはアドリア海沿岸部の海賊を撃退してダルマチア地方を併合。同じころ、ビザンツ帝国からは免税特権を獲得する。12世紀初頭には、大規模なアルセナーレ（国営造船所）が建設され、地中海でもっとも有力な海洋国家となった。

ヴェネツィアの国力を飛躍的に発展させたのが十字軍であった。ヴェネツィアは1096年に始まった十字軍に便乗してパレスチナ沿岸や東地中海に進出し、香辛料貿易によって大きな利益をあげた。第4回十字軍では、高齢のエンリコ・ダンドロ元首自らが兵を率いて出航し、1204年には聖都エルサレムではなく、かつての宗主国の首都であるコンスタンティノープルを占領してしまう。このときから1261年まで続くラテン帝国時代に、コンスタンティノープルからは幾多の財宝や美術品が略奪されてヴェネツィアにもたらされ、その多くは**サン・マルコ聖堂**に飾られた。聖堂の南側に立つ「**アクレの柱**」9［左頁］という2本の大きな大理石の角柱は、コンスタンティノープルの聖ポリエウクトス聖堂から略奪してきたものであり、その近くの壁に組み込まれた「**テトラルキ**」2とよばれる赤斑岩の群像［5頁］は、4世紀の「四

聖堂の南側（海側）には、繊細な浮き彫りが施された2本の角柱「**アクレの柱**」❾が立つ。コンスタンティノープルで略奪。

帝共同統治記念像」である。

　コンスタンティノープル占領後、クレタ島をはじめ、エーゲ海やイオニア海の重要な基地を獲得し、黒海沿岸にまで進出。13世紀にはドゥカート金貨を鋳造するなど経済的にも著しく発展する。マルコ・ポーロがヴェネツィアを出発して陸路、中国にまで旅行したのもこのころのことである。東方からは、ヴェネツィアのカーニヴァルを彩ることになる仮面がもたらされた。

　1297年、議会の議席が貴族の成員に限定され、以後、貴族による大評議会が政治を独占することになった。1310年には強い権限と機密性をもつ十人委員会も設置される。いずれも内紛を防ぎ、統治を安定させるのが目的であり、おかげでヴェネツィア共和国はずっと社会不安とは無縁であった。

　14世紀初頭にはヴェネツィアのガレー船は、ブリュージュやロンドンまで定期的に航海するようになり、カナル・グランデ（大運河）沿いにはフォンダコ・デイ・テデスキ（ドイツ人商館）[86頁]をはじめ各国の商館が建ち並んだ。こうした商館は、商品倉庫にして取引所、各国の会合所にして宿泊所でもあった。しかし、13世紀末からライヴァル都市ジェノヴァとの争いが激しさを増し、さらに1348年にペストが流行して人口を半減させてしまう。この世紀の後半、ヴェネツィアは危機の時代に入る。

　14世紀までの経済発展期において、ヴェネツィア人たちは都市や邸宅を装飾するよりも黄金や財宝を求め、また資本の大半は事業に回されて文化に用いられることは少なかった。したがって、この時期、独自の美術が生み出されることはなかった。創造性や洗練よりもきらびやかさや豪華さが追求され、中世の西洋すべてに共通することだが、創作者の個性や天才などが顧みられることはほとんどなかった。この時代のヴェネツィアの富や財力を集約するのが、サン・マルコ聖堂である。

右／サン・マルコ聖堂の創建は9世紀。何度か建て直され、現在の建物は11世紀に竣工した。ヴェネツィアは地盤脆弱のため、フィレンツェやミラノの大聖堂のような巨大建築というわけではないが、そのオリエンタルな外観はひと目見たら忘れられない。
左頁／サン・マルコ聖堂の主祭壇上方に、聖マルコを象徴する**有翼のライオンのモザイク**⑩を発見。ドングリまなこがなんとも強烈だ。

中世ヴェネツィア栄華の象徴 サン・マルコ聖堂

8

28年、2人の商人によってエジプトのアレクサンドリアから聖マルコの遺骸がもたらされた。この遺骸を**ドゥカーレ宮殿**（パラッツォ・ドゥカーレ、総督宮、元首公邸）［10、12頁］に運びこもうとしたところ、遺骸が突如重くなって動かせなくなった。そこでその位置に遺骸を納めるため建設が開始されたのが、サン・マルコ聖堂だという。ヴェネツィアの守護聖人はそれまでの聖テオドロスから聖マルコに取って代わり、この聖人の象徴であるライオンがヴェネツィアのシンボルとなった。

最初のサン・マルコ聖堂は976年に焼失し再建された。次に、1063年に建て直しがはじまり、1094年に完成する。ビザンツから招かれた建築家により、コンスタンティノープルの聖使徒聖堂（アギイ・アポストリ。6世紀創建、15世紀崩壊）をモデルとして、5つの円蓋をいただくギリシャ十字式プランの巨大な聖堂が建設された。

この聖堂はドゥカーレ宮殿に付属する元首の宮廷礼拝堂であり、19世紀まで司教座聖堂ではなかった。ヴェネツィアはビザンツ帝国との結びつきが強かったため、カトリックでありながらもローマの教皇庁とは距離をとり、司教の任命権の大半も教皇ではなくヴェネツィア政府が握っていた。元首が宗教的な儀式も執り行い、また宗教以外の政治的な儀式もサン・マルコ聖堂で行われた。こうしたヴェネツィアの政教一致政策が、ヴェネツィアの教会や宗教芸術に、世俗性や独自の華やかさを付与することになったのである。

ファサード（正面）［上］は2層5連のアーチをもち、アーチの内部にはモザイクが施されている。左端（北）のアーチを飾る半円形のモザイク《聖マルコの

SVB·OBSCVRIS

上／ナルテクス（玄関廊）の天井には、**「創世記」の物語によるモザイク⑩**が見られる。ビザンツからもたらされた写本の挿絵を拡大コピーしたような図柄で、これは《ノアの洪水》の場面。13世紀
下左／サン・マルコ聖堂の至宝、**《パラ・ドーロ（黄金祭壇）》⑫**。976年、元首ピエトロ・オルセオロ1世がコンスタンティノープルに発注した祭壇にさらに3人の元首が手を加え、1345年、現在の姿に。213×334cm
下右／洗礼堂には、赤いドレスで、洗礼者ヨハネの首を嬉々として運ぶサロメの姿も。14世紀
写真提供＝サン・マルコ聖堂

遺体の運搬》のみが13世紀のもので、残りは17世紀から18世紀のものである。中央の入り口は三重のアーチで囲まれ、13世紀から14世紀にかけての彫刻が施されている。アーチの内側にはロマネスク様式による月暦図や様々な職人の浮彫が見られる。

2階の中央には、コンスタンティノープルの競技場から略奪してきたヘレニズム時代の見事な彫刻、**4頭の青銅の馬**⑧［40頁左］が飾られている。じつはこれはレプリカで、オリジナルは聖堂内部の博物館に展示されている。

内部を覆う華麗な**モザイク**⑩［42〜43、47頁、右頁上／右］は11世紀から16世紀にかけてビザンツとヴェネツィアの職人が作り上げたもので、異なる時代の様式が混在している。モザイク装飾のプログラムも、聖使徒聖堂のそれに倣っていると考えられる。当初のモザイクのほとんどは１１０６年の火災で失われ、12世紀の後半から再びモザイクが施された。床を覆う広大なモザイクは12世紀のものが完全に残されている。

ドームを飾るモザイクの主題は、《インマヌエル（幼児キリスト）》、《キリスト昇天》、《聖霊降臨》などであり、身廊内には《キリスト受難》が見られる。もっとも興味深いのは、13世紀に西側に追加されたナルテクス（玄関廊）の天井である。そこには浅い小円蓋が並び、《天地創造》、《ノアの洪水》［右頁上］など「創世記」の主題が描かれる。その図像は6世紀の「コットン・ゲネシス」という写本挿絵と同一である。この写本もまた第4回十字軍を機にコンスタンティノープルからもたらされたものであった。適度に抽象化されたモチーフが奥行きを排した金地に配され、単純な異時同図法によってプリミティヴながらも巧みな説話表現を示している。ナルテクスの南側には14世紀前半に作られた洗礼堂があり、洗礼者ヨハネの生涯を描いたモザイクが覆う。中でも扉上のルネッタ（半円形の区画）に描かれた《ヘロデの宴》［右頁下右］では、ヨハネの首を頭に載せて歩むサロメがかわいらしい。

サン・マルコ聖堂のモザイクは、全体像がつかみにくいが、近づいて見上げて細部を見れば見るほど興味深い。成長期のヴェネツィア商人のように、名前や個性を消して集団に奉仕した無数の職人たちの工夫と美意識がそこここから伝わってくるようだ。

内陣と身廊を仕切る**イコノスタシス（聖障）**⑪［１０５頁］には、磔刑像を中心に、聖母、十二使徒、聖マルコが並んで立つ。これは、14世紀ヴェネツィアを代表する彫刻家ヤコベッロとピエトロ・パオロのダレ・マゼーニェ兄弟が１３９１年から９４年に制作したもの。トスカーナの後期ゴシック彫刻の影響を受けており、異なる身振りをした聖人たちは単調さを破っている。

内陣の主祭壇の前に立っているのが幅３・５メートルにもおよぶ《**パラ・ドーロ（黄金祭壇）**》⑫［右頁下左］である。黄金の地にエマーユ（七宝）で描かれ、真珠、ルビー、エメラルド、サファイアなどの宝石がふんだんにちりばめられたこの大きな祭壇は、サン・マルコ聖堂に所蔵される宝物の中でもっとも有名な作品で、ヴェネツィア最盛期のありあまる富を具現した記念碑である。４人の元首によって長年にわたって手を加えられて作られた。

ドゥカーレ宮殿の《**巨人の階段**》53。1483〜85年にかけてアントニオ・リッツォが築いた。階段上に仁王立ちする《マルス》(左)と《ネプトゥヌス》(右)の両巨人は、やや遅れて1567年に彫刻家・建築家のサンソヴィーノが制作したもの。

ドゥカーレ宮殿大評議会室の天井際には、歴代元首の肖像画がずらりと並ぶ。第55代元首マリーノ・ファリエールの肖像があるべき場所のみは黒幕が描かれ、彼が裏切り者として処刑された旨が銘記されている。

政治の中枢 ドゥカーレ宮殿

サン・マルコ聖堂に隣接し、海に面して建つドゥカーレ宮殿［12頁］は、元首官邸、議事堂、内閣府、裁判所、監獄などを兼ね備え、ヴェネツィアの統治機構のすべてを含む巨大な建造物であった。

810年に元首の居城として建造され、当初は堅固な城塞のようであった。たびたび火災に遭ったがそのたびに再建され、1172年、それまでの要塞型の形態からポルティコ（列柱廊）とロッジア（開廊）を備えた開放的な邸館建築に生まれ変わった。14世紀に岸辺に向かって新しい翼が増築され、15世紀半ばにほぼ現在の姿となった。南側を海に、西側はサン・マルコ小広場に面しており、その明るく洗練された外観は青空と青い海によく映え、ヴェネツィアの景観の要となっている。船で海からヴェネツィアに到着するとき、もっとも目立つのがこの建物だ。

1層目は太い柱による簡素なゴシック式アーチ、2層目はより狭い間隔に細い柱と四つ葉模様に円形装飾をもつ軽快なゴシック式のアーチがあり、3層目はピンクと白の大理石による稲妻模様の施された大きな壁面に大窓とバルコニーがとりつけられている。海側の中央の大窓は、1404年にダレ・マゼーニェ兄弟が制作。

1438年から42年にサン・マルコ聖堂側に、彫刻家バルトロメオ・ボンによって装飾的な**ポルタ・デラ・カルタ（布告門）**⑬［106頁］が作られた。中央にヴェネツィアの獅子に跪く元首フランチェスコ・フォスカリの彫像があり、周囲を四枢要徳の擬人像が取り巻くこのゴシック様式の門は、15世紀ヴェネツィア彫刻の傑作である。そこを入ったところに、1462年から72年、彫刻家アントニオ・ブレーニョ作の諸像によって構成されたフォスカリ門が建造された。

ドゥカーレ宮殿の海側の角の柱には人体彫刻がついている。向かって左側、つまり広場に面した角には《**アダムとエヴァ**》⑭［53頁］、右側は《ノアの泥酔》であり、単純かつ力強い彫刻である。また2層目のアーチの中ほどには、ライオンに乗って剣を持つ女性の《ヴェネツィアの擬人像》の円形の浮彫もあるが、これらは1344年ころに彫刻家フィリッポ・カレンダーリオが制作したもの。彼はドゥカーレ宮殿の首席建築家であり、海辺に面したファサードを設計したと思われるが、1355年に起こった元首マリーノ・ファリエールの乱に連座して処刑された。この元首が独裁者になろうと暴動を企てたかどで拘束され、斬首の刑に処せられた事件である。ドゥカーレ宮殿の大評議会室には歴代の元首の肖像画がずらりとかかっているが、ファリエールの部分は黒で塗りつぶされている［51頁］。カレンダーリオはこの陰謀に加わったということで、ドゥカーレ宮殿の窓から絞首刑になった10名のうちの1人であった。彼は自らが作った彫刻の前に吊るされたのである。犯罪に手を染めた芸術家は数多いが、実際に死刑になった者は少ない。フィリッポ・カレンダーリオはヴェネツィアのゴシック彫刻の巨匠であると同時に、その意味でも特筆すべき存在だ。

　ドゥカーレ宮殿は、当時のイタリアの統治者の居城や市庁舎と異なり、軽やかで祝祭的であり、要塞のような重厚さはまったく見られない。ファリエールの乱も未然に防がれたように、ヴェネツィアを訪れる者は、この町が同時代のイタリア諸国を悩ませていた内乱とは無縁で、平和が保たれていることを印象づけられたに違いない。

　ドゥカーレ宮殿の装飾的なファサード、とくに1層目と2層目に見られる開放的なアーチは中世の典型的な邸宅の建築様式となってヴェネツィアで流行した。そのもっとも華やかな例はカナル・グランデに面して建つ**カ・ドーロ**［右2点］である。1434年、行政長官マリーノ・コンタリーニの邸宅として建てられたこの館は、マルコ・ダマーディオが設計し、マッテオ・ラヴェルティとジョヴァンニとバルトロメオのボン親子によって建造された。当初、全体が金箔で装飾されていたことから黄金宮殿（カ・ドーロ）とよばれた。ドゥカーレ宮殿と同じく、1階は円柱によるポルティコ、2階は四つ葉模様のアーチによるロッジアとなっており、階上には独特の鋸壁（メルロ）が並ぶ。中庭にはボン親子によって見事な装飾を施された井戸がある［右下］。この宮殿は現在、フランケッティ美術館として公開されている。

上／大運河に面して建つゴシック様式の名建築カ・ドーロ。
下／カ・ドーロの内部。この瀟洒な邸宅は、1894年に音楽家ジョルジョ・フランケッティ男爵が購入、彼が国に遺贈して国立の美術館となった。

ドゥカーレ宮殿の南西の角に彫られた《アダムとエヴァ》14。1344年頃、フィリッポ・カレンダーリオが制作した。

ヴェネツィア彷徨 1

共和国の原風景を宿す島々の話

ラグーナには個性豊かな島々が浮かんでいる。奥に見える傾いた鐘楼はレースの島ブラーノのサン・マルティーノ教会のもの。

ブラーノ島は漁民の（今は観光の）島。外壁をとりどりに塗り分けた家並が楽しい。かつては、漁師の妻たちの内職として、レース編みが盛んだった。

ヴェネツィアで余裕があれば、ぜひ行きたいのが島々である。20分ほどフェリーに乗ればガラスの島ムラーノ島に着く。また、40分ほど行くと、レース編みの島で色鮮やかな民家が楽しいブラーノ島［左上］があり、そこで船を乗り換えて5分ほどするとモザイクの島トルチェッロ島である。

トルチェッロ島はヴェネツィア発祥の地。5世紀には数万人の人口を数え、11世紀に最盛期を迎えたが、やがてラグーナ（潟）に砂が堆積し、マラリアが流行し、さびれていった。現在では数人しか住んでいない。

この島にあった建物のほとんどは解体されて建築資材として本島に運ばれたが、**サンタ・フォスカ聖堂**と**サンタ・マリア・アッスンタ聖堂**が遺っている［左中］。後者は、7世紀に本土対岸のアルティーノから司教座を移したときに建設され、被昇天の聖母を祀る大聖堂であった。増改築を繰り返し、12〜13世紀に内陣の《**聖母子**》［左下］と入口上の《**最後の審判**》のモザイクが制作された。金地に輝くアプスにすっと立つ聖母の姿は簡素にして荘厳である。聖母の下に描かれた十二使徒のモザイクは12世紀のものとされ、右手の礼拝堂にもそのころ制作された、祝福するキリストと大天使のモザイクがある。ラヴェンナの職人によって作られたと考えられている。《最後の審判》は、6つの部分に分かれ、さらに下部の地獄は直線で区切られた7つの地獄［56頁］に分かれている。非常にユーモラスであり、見ていて興味が尽きない。

このヴェネツィア最古の教会には今なお森閑とした雰囲気が漂い、モザイクで覆われた空間のうちに深い宗教性が息づいている。聖と俗、生と死を宿したこれらシンプルなモザイク群こそ、絢爛たるヴェネツィア絵画の原風景なのだ。

アメリカの抽象表現主義の画家マーク・ロスコはかつてこの教会を訪れて強い感銘を受

上／トルチェッロ島のサンタ・マリア・アッスンタ聖堂（左）とサンタ・フォスカ聖堂。
左／サンタ・マリア・アッスンタ聖堂のアプスに描かれた聖母子と十二使徒のモザイク。12〜13世紀

サンタ・マリア・アッスンタ聖堂の入口側の壁に描かれた地獄の情景。天使に槍でつつかれているのは高慢の罪を犯した者たち。その下は左から邪淫、貪食、憤怒、最下段は左から羨望、貪欲、怠惰の罪人たちが罰を受けている。13世紀

け、彼の集大成となった「ロスコ・チャペル」の主要な霊感源としている。

隣のサンタ・フォスカ聖堂は11世紀から12世紀にかけて建造された正十字架のプランの教会で、元来は殉教者記念堂（マウソレウム）であった。殉教したラヴェンナの聖女フォスカの聖遺物を祀り、内部は簡素で装飾はない。

ヴェネツィア本島により近いムラーノ島も古い歴史を持つ。1291年の法令によってヴェネツィアの有力産業であったガラスの工房がこの島に集められ、18世紀にいたるまで西洋一のガラス生産地となった。今でもガラス製品の店がひしめき、ガラス工芸博物館もある。

サンタ・マリア・エ・ドナート聖堂［上］は、7世紀に建てられたものが12世紀に今の姿に変えられた。運河に面した教会の後陣が独特であり、白大理石による柱と煉瓦によって1層目はポルティコ（列柱廊）、2層目がロッジア（開廊）となっており、世俗建築にも似た華やかさを感じさせる。内部は、中世ヴェネツィア特有の木造の船底天井をもっている。内陣には、トルチェッロの聖母に似た金地の聖母のモザイクがあるが、この聖母は両手を胸前に上げ、信者に語りかけている。500平方メートルにわたる床のモザイクは12世紀のもので、孔雀、鶏、鷲、狼などが中世の寓意や教訓を素朴に表現している。

サン・ピエトロ・マルティーレ聖堂は、14世紀にドミニコ会修道院として建設され、1511年に再建された。内部はやはり船底天井であり、ジョヴァンニ・ベッリーニの**《バルバリーゴ祭壇画》**が飾られている［下］。元首アゴスティーノ・バルバリーゴの注文で制作され、元首没後、ドゥカーレ宮殿からこの教会に移された。ドゥカーレ宮殿は1574年に火災に遭い、飾られていた15世紀以前の祈念画はすべて焼失したため、この絵はきわめて貴重である。跪く元首を聖マルコが聖母子に紹介している。反対側には彼の守護聖人である聖アウグスティヌスが立ち、その背景にはアルプスの白い山並みが見える。この絵を見るためだけでもムラーノ島に来る価値はあるだろう。

上／サンタ・マリア・エ・ドナート聖堂後陣　下／サン・ピエトロ・マルティーレ聖堂内のベッリーニ《バルバリーゴ祭壇画》(1488年)。

ジョヴァンニ・ベッリーニ**《フラーリの祭壇画》**(部分)㉗は、サンタ・マリア・グロリオーサ・デイ・フラーリ聖堂の聖具室に安置。現実の額縁と画中のアプス(半円形の後陣)、彫塑的な人体が折りなすイリュージョンにより、聖母子が3D化！　1488年　油彩、板　中央184×79 cm／左右各115×46 cm

第II章

遅咲きのルネサンス

ベッリーニの絢爛、カルパッチョの物語

14〜16世紀初頭

リアルト橋は12世紀に創建され、もとは木造の跳ね橋だった。この絵に描かれている3代目の木造橋は、1524年に倒壊する。カルパッチョ《**リアルト橋の奇跡**》(部分)㉚　1494年　油彩、カンヴァス　365×389cm　アカデミア美術館

下／ドミニコ会のサンティ・ジョヴァンニ・エ・パオロ聖堂には25人もの元首が眠る。聖堂左手の建物はサン・マルコ同信会館で、右手に《コレオーニ将軍騎馬像》[107頁上]が聳え立つ。

ヴェネツィアの国力の絶頂

14世紀後半、ヴェネツィアはジェノヴァとの戦争で国力を消耗させたが、1381年に休戦条約を結び、東方貿易を完全に掌握するにいたった。このときからトルコとの戦闘が再開される1498年までが共和国の歴史上もっとも平和で安定した全盛期となる。元首トンマーゾ・モチェニーゴが1423年に遺した遺言には、ヴェネツィアが商船3800隻、船員総数3万6000人を擁し、貿易総額は2000万ドゥカートにのぼり、造幣局は年間120万ドゥカート金貨を鋳造していたことなどが報告されている。人口は徐々に増えて15世紀には15万人に達し、それは貴族、市民（チッタディーニ）、平民の3階層に分かれていた。投票権は貴族に限られ、市民は下級官吏にとりこまれ、平民は同信会（スクオーラ、兄弟会）を作って団結したが、階級闘争や内紛はなく、政治的な安定の下で平和を謳歌した。ヴェネツィア共和国の別名を、「セレニッシマ（いとも静穏な国）」というのはそのゆえである。

同信会とは、俗人による宗教組織で、市民や平民の互助組織にして社交団体であり、慈善事業を行い、祝祭に参加した。16世紀には200以上を数え、通常は聖堂内に礼拝堂を持っていたが、独自の会館をもつ同信会もあり、政府や貴族と並ぶヴェネツィア美術の主要なパトロンとなった。

15世紀前半、ヴェネツィアは次第にイタリア内部の政争に関わることになり、内陸部にも植民都市を増やし始めた。パドヴァやヴェローナと戦って勝利し、この両都市のほか、バッサーノやヴィチェンツァなどを獲得した。東北のフリウリ地方にも勢力を伸ばし、ミラノと争ってロンバルディア地方のベルガモやブレーシャなども獲得。「テラ・フェルマ（陸の国家）」が強化されるとともに、15世紀半ばにはイタリア各地のルネサンス文化が流入する。トスカーナのルネサンス様式の建築が建てられ、内部は古典的な墓廟や彫刻、自然主義的な絵画で飾られた。ヴェネツィアはその国力の絶頂期に本格的なルネサンスを迎えたのである。

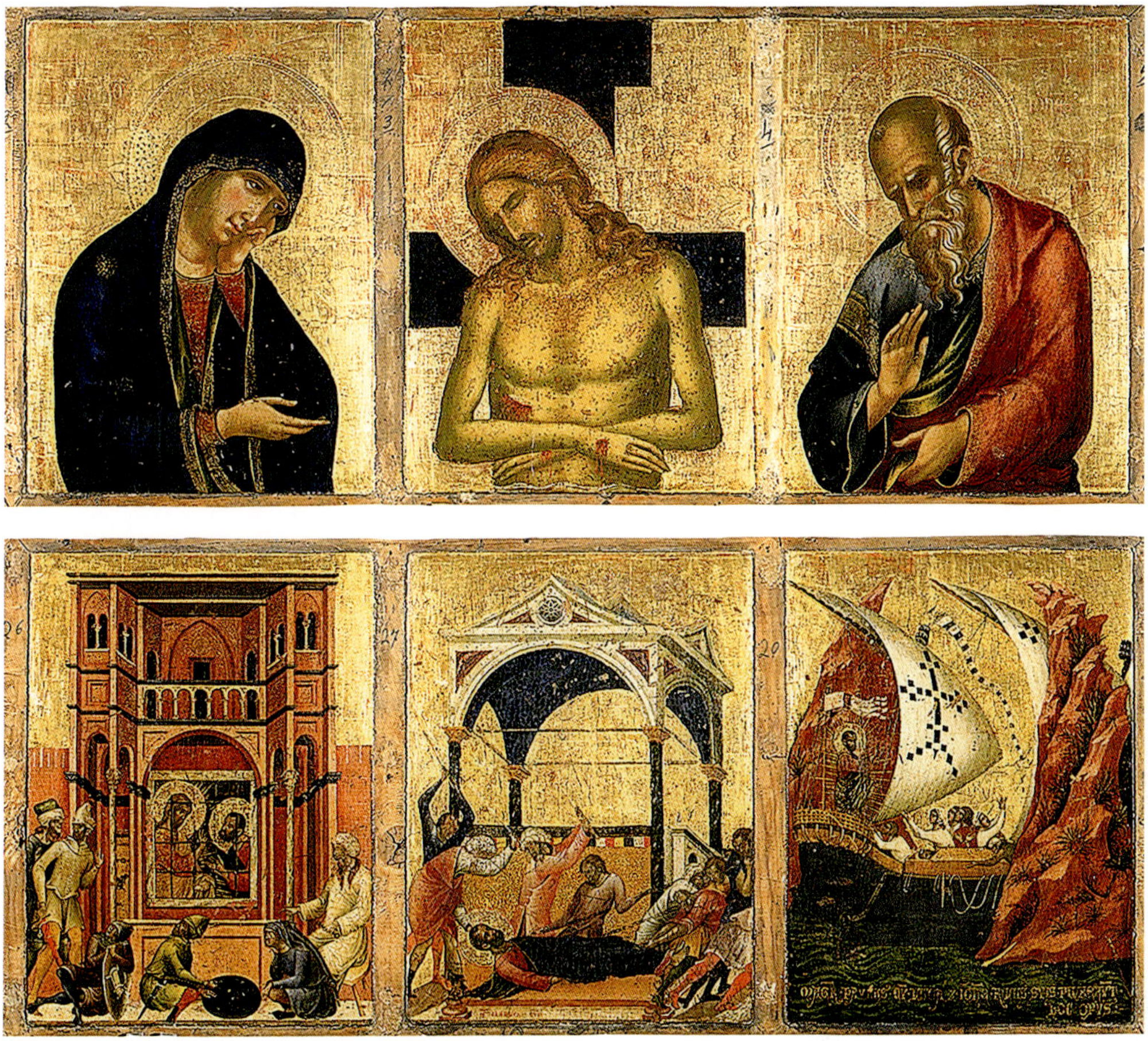

《**フェリアーレ祭壇画**》（部分）⑮は、49頁の《黄金祭壇》の覆いだった。
パオロ・ヴェネツィアーノと息子らの作。聖堂内の博物館に展示。
1345年　テンペラ、板（2枚）　各59×325cm

ベッリーニ以前

ヴェネツィア絵画の歴史は古い。早くも1271年に画家組合が成立したが、これはイタリア最古である。画家といってもそのジャンルは祭壇、楯、箱、皿、テーブルなど描く支持体によって分かれており、それぞれに規制が設けられていた。14世紀にようやく個性をもった画家が登場する。ヴェネツィア絵画の祖パオロ・ヴェネツィアーノ（1300頃～1365頃）である。14世紀初頭、トスカーナ地方でジョットらによって新たな自然主義的な絵画様式が誕生した。パオロ・ヴェネツィアーノは、ビザンチン後期のパレオロゴス朝の絵画様式にとどまりながら、ジョットやピサーノの影響によってその厳格さを緩和し、華やかな色彩と巧みな説話表現によってヴェネツィア絵画の方向性を確定した。

サン・マルコ聖堂で、《パラ・ドー

ドゥカーレ宮殿大評議会室を飾っていたグアリエント・ディ・アルポの壁画、**《聖母戴冠》**（部分）⑰の残骸。同宮殿内の別室に展示。フレスコ　幅12.9m

ロ》を覆っていた**《フェリアーレ祭壇画》**⑮［61頁］は1345年、元首アンドレア・ダンドロが制作させたもので、パオロは息子たちとともに描いた。ビザンチン美術らしい抽象性とゴシックの優美さがうかがわれ、背後にある《パラ・ドーロ》に対抗するかのように華美な色彩が施されている。

　サンタ・マリア・グロリオーサ・デイ・フラーリ聖堂の聖堂参事会室には、**《ダンドロの半円飾り》**⑯［左頁］がある。1339年に没した元首フランチェスコ・ダンドロと夫人が聖母子に跪く祈念画であり、下部に設置された石棺の「聖母の死」の浮彫に見られる人物群像と呼応するようなリズミカルな左右対称の構図を示し、金地に赤と青の色彩が映える。

　ドゥカーレ宮殿の大評議会室は、1340年に拡張されることが決定し、1365年にパドヴァの画家グアリエント・ディ・アルポにその壁面の装飾が依頼された。彼は、この部屋の東の壁面に巨大なフレスコ画**《聖母戴冠》**⑰を描いた。ヴェネツィアは聖母の都市であり、聖母に重ねられたヴェネツィアが神に祝福される様子を表したものであった。しかしこの大壁画は1577年の火災によって焼失してしまった。その後、この壁面にはティントレットによって**《天国》**⑱［100頁］が設置されて現在にいたるが、1903年、ティントレットの油彩画の裏に、グアリエントの大壁画が現存しているのが発見された。それは壁面から剥がされて現在、別室に展示されている［上］。損傷が著しいとはいえ、図様は識別でき、中央の聖母とキリストの周囲に聖歌隊席のような椅子にすわる天使が配されている。当初は黄金で彩られていたらしい。この大壁画は、経費と時間のかかるモザイク一辺倒であったヴェネツィアの室内装飾を壁画に転換させるものであり、後の大壁画の時代を予告する記念碑的作品であった。

　1409年、当時イタリアでもっとも優れた画家であったジェンティーレ・ダ・ファブリアーノ（1360／70頃〜1427）が、同じくドゥカーレ宮殿の大評議会室の装飾を委嘱された。

　ジェンティーレは1416年まで壁画《アレクサンデル3世伝》を制作し、さらに1419年、ジェンティーレの弟子ピサネッロが来て装飾を続けた。この大壁画は残念ながらすべて失われてしまったが、それまで静的な祈念画しか見られなかったヴェネツィアの大画面絵画において、大規模な説話表現が登場したことの意味は小さくなかった。ジェンティーレはヴェネツィアの教会のために祭壇画も描いている。国際ゴシック様式の両巨匠の来訪は、ヤコベッロ・デル・フィオーレ、その弟子のミケーレ・ジャンボーノといったヴェネツィアの画家たちに大いに影響を与えた。

ヴェネツィアーノは14世紀のヴェネツィア絵画界における最高の画家と称され、元首アンドレア・ダンドロのお抱え画家だった。
パオロ・ヴェネツィアーノ《**ダンドロの半円飾り**》16　サンタ・マリア・グロリオーサ・デイ・フラーリ聖堂・聖堂参事会室　1339年

ベッリーニ一族の好敵手 ヴィヴァリーニ工房

サン・ザッカーリア聖堂の**サン・タラージョ礼拝堂** 21 22。天井にはフィレンツェの画家カスターニョによるルネサンス的厳格さを持つ人物像（1442年）がフレスコで描かれ、下に置かれた《ロザリオ祭壇画》（1444年頃）の浮遊感漂うゴシック様式と著しい対照をなす。祭壇画は、アントニオ・ヴィヴァリーニとジョヴァンニ・ダレマーニャの共作。額縁の彫刻はルドヴィコ・ダ・フォルリ。総高600cm

ヴェネツィアに残る作品は、これともう1点の《聖母子》だけ。ヤコポ・ベッリーニ《**聖母子**》⑲　1450年頃　テンペラ、板　95×66・5cm　アカデミア美術館

絵具を剥いだ痕が痛々しいが、イエスの体や脚、風景に見せる緻密な描写力はさすがだ。アントネッロ・ダ・メッシーナ《**ピエタ**》⑳　1475年頃　油彩、板　115×85・5cm　コッレール美術館

ジェンティーレ・ダ・ファブリアーノの弟子であったヤコポ・ベッリーニ（1400頃〜70頃）は、その後1世紀にわたってヴェネツィア絵画を牽引することになる工房を構えた。ヤコポの作品の多くは消失し、ヴェネツィアにもアカデミア美術館の2点の《**聖母子**》⑲［上右］しか残っていない。しかし、パリとロンドンにある2冊の素描帳は、この画家が遠近法を研究し、知的探求心に富んだ優れた画家だったことをうかがわせる。この素描帳を遺贈された息子ジェンティーレとジョヴァンニのベッリーニ兄弟に、その特質は継承された。

15世紀前半から半ばにかけて、画家パオロ・ウッチェロやアンドレア・デル・カスターニョ、彫刻家ドナテッロら、フィレンツェの重要な美術家がヴェネツィアや近郊のパドヴァに来て制作する。彼らによって、正確な遠近法による三次元空間の構成と彫塑的な人物表現といったトスカーナの新様式がヴェネツィアに伝えられた。また、1475年にヴェネツィアに来たアントネッロ・ダ・メッシーナ（1430頃〜79）は、フランドル風の本格的な油彩画技法をもたらした。コッレール美術館にある《**ピエタ**》⑳［上左］は、この町に遺る唯一の彼の作品。背後に広がる光と清澄な空気に満ちた景色は、北方絵画を吸収したアントネッロならではのものである。右奥に見える教会は、彼の故郷シチリアのメッシーナにあるサン・フランチェスコ聖堂であるという。

サン・ザッカーリア聖堂サン・タラージョ礼拝堂の**カスターニョによる天井画**㉑［右頁］は、厳しい顔貌表現や衣文の明暗のはっきりした堅固な人物像であり、夢見るようなゴシック的人物像とはあきらかに一線を画している。これと対照的なのが、天井画の下に安置された《**ロザリオ祭壇画**》㉒［同］。ムラーノ島出身のアントニオ・ヴィヴァリーニ（1418〜84）が義弟ジョヴァンニ・ダレマーニャと共同で制作したもので、黄金に輝く聖母子のパネルを中心に、聖人たちのパネルや彫像を配し、鍍金した木彫の額で縁どられた、典型的なゴシック式の祭壇画である。左右にも類似した多翼祭壇画が祭られており、この礼拝堂では、工芸的なゴシック祭壇画と、天井の厳格なルネサンス的人物像が不協和音を奏でている。まさに15世紀半ばごろのヴェネツィア美術の状況を表しているといえるだろう。

　アントニオが構えたヴィヴァリーニ工房は、ベッリーニ工房に拮抗する大工房であり、複数の画家、彫刻家、指物師を擁し、こうした祭壇画を量産してヴェネツィアやその植民地に送り出した。少し時代がくだるが、サンタ・マリア・グロリオーサ・デイ・フラーリ聖堂ベルナルド礼拝堂には、アントニオの弟バルトロメオによる**多翼祭壇画**㉓［右］が、同じ聖堂のミラネージ礼拝堂にはアントニオの息子アルヴィーゼが描いた《聖アンブロシウス祭壇画》（1503年）がある。アルヴィーゼになるとさすがにゴシック的工芸性は後退し、アントネッロ・ダ・メッシーナやジョヴァンニ・ベッリーニの作風に反応したさまが見てとれるが、結局のところ父や叔父の固い線描様式から脱することができなかった。ヴィヴァリーニ工房からは、金箔を多用した装飾的で妖艶な人物像を得意とした画家カルロ・クリヴェッリも出ている。しかし、この鬼才は姦通罪で禁錮刑に処せられてヴェネツィアを追われ、ダルマチアやマルケ地方を放浪して制作した。15世紀のヴェネツィア画壇をベッリーニ一族と二分したヴィヴァリーニ工房は、こうして衰微していったのである。

　15世紀末からは、カンヴァスに描いた油彩画がヴェネツィア絵画の主流となった。1474年、ドゥカーレ宮殿の大評議会室にジェンティーレ・ダ・ファブリアーノらが描いたフレスコが傷んできたため、順にカンヴァスの油彩画に置き換えることが決定され、ベッリーニ兄弟やアルヴィーゼ・ヴィヴァリーニがこの仕事に従事した。カンヴァスは、大造船所を擁して帆布を量産していたヴェネツィアでは容易に調達できた。16世紀に驚異的な量の壁画を描いたティントレットのほとんどの画面は、カンヴァスを壁面に貼り付けたものである。湿度の高いヴエネツィアではフレスコは不適であったとされるが、必ずしもそうでないことは、18世紀にフレスコ壁画が大流行することからもわかる。

バルトロメオ・ヴィヴァリーニ作の**多翼祭壇画**㉓。サンタ・マリア・グロリオーサ・デイ・フラーリ聖堂のベルナルド礼拝堂に安置。1474年　テンペラ、板　中央165×68cm／左右各165×72cm

繊細にして優美な色彩
ベッリーニ兄弟

サンティ・ジョヴァンニ・エ・パオロ聖堂側廊に安置された祭壇画。筋肉質な人物描写にはマンテーニャの影響が！（72頁参照）ベッリーニ**《聖ヴィンチェンツォ・フェレール祭壇画》**26　1464〜68年　テンペラ、板　各167×67cm（下段パネル）

ジェンティーレ・ベッリーニ《**聖十字架の奇跡**》24 アカデミア美術館の第20室には、かつて福音書記者聖ヨハネ同信会館の接待の間を飾っていた8点の壁画が、そっくり移されている。ジェンティーレ・ベッリーニ、ジョヴァンニ・マンスエーティらの手になるもの。祭礼の途中、運河に取り落とした聖十字架を、すかさず飛び込んだ同信会長がみごと拾い上げた場面だ。左側の岸辺には侍女たちを引き連れたキプロス女王がおり、また画面右手前で跪く男たちはヤコポを先頭にしたベッリーニ一族だともいう。1500年　油彩、カンヴァス　323×430cm

ヤコポの長男ジェンティーレ・ベッリーニは説話画の大画面を得意としたが、その様式は古様であった。アカデミア美術館にある**《聖十字架の奇跡》**㉔［68〜69頁］は、かつて福音書記者聖ヨハネ同信会館を飾っていた壁画連作のうちの1点。祭礼の途中うっかり運河に落としてしまった聖遺物の十字架を、同信会長アンドレア・ヴェンドラミンが運河に飛び込んで救い出した事件を描いている。克明な描写が往時のにぎわいを彷彿させる大画面で、濃い緑色の運河の色合いは、現在のそれとまったく同じである。画面右端にはおそるおそる飛び込もうとする痩せた黒人もおり、当時のヴェネツィアが奴隷貿易も行っていたことを想起させる。右手前に跪く人物たちは、父ヤコポ、義弟マンテーニャ、ジェンティーレ自身、弟ジョヴァンニの肖像であるといわれている。

　パドヴァの画家アンドレア・マンテーニャ（1431〜1506）は、ベッリーニ兄弟の妹ニコロジアと結婚しており、その厳格な人物造形や三次元表現は、初期のジョヴァンニに影響を与えた。マンテーニャの遺作**《聖セバスティアヌス》**㉕［72頁］は、カ・ドーロ内のフランケッティ美術館に展示されている。

　ジョヴァンニ・ベッリーニは、アントネッロがもたらした新風を吸収し、自然主義的な細部描写や光や大気の表現に成功し、線描ではなく色彩と色調を中心とするやわらかい様式を創出した。**サンティ・ジョヴァンニ・エ・パオロ聖堂**にある**《聖ヴィンチェンツォ・フェレール祭壇画》**㉖［67頁］では、中央の聖フェレールを挟んで川を渡る聖クリストフォルスと聖セバスティアヌス、上部には死せるキリストを挟んで受胎告知が描かれる。人物の筋肉質の表現には、義弟マンテーニャの影響が見られる。注目すべきは人物や風景が黄金色の光で照らされていることで、聖クリストフォルスの顔や川面に夕陽の光が反射する。この聖堂にはもう1点、ベッリーニの《シエナの聖カタリナ祭壇画》があったが、1867年に火災で焼失してしまった。これは聖母子の周囲に諸聖人が集う「聖会話（サクラ・コンヴェルサツィオーネ）」のもっとも早い作例のひとつであった。この後彼は多くの「聖会話」を制作し、それによってこの主題はヴェネツィアでもっとも人気のある祭壇画の主題となった。

　サンタ・マリア・グロリオーサ・デイ・フラーリ聖堂の聖具室には**《フラーリの祭壇画》**㉗［58頁］がある。ペーザロ家の注文で制作されたこの祭壇画は、彼の得意とした聖会話図ではなく、3つの画面にわかれているが、3枚の画面は額縁の中でつながっているような統一的な空間となっている。こうした趣向は、マンテーニャが描いたヴェローナの《サン・ゼノの祭壇画》に由来する。全体が、ビザンチン風の金のアプスに反映する暖かい光で満たされている。ドイツ最大の画家デューラーは、1494年と1505年の2回ヴェネツィアに来訪したが、2回目の滞在のとき老巨匠ベッリーニに激賞されたことに感激した。デューラーの最高傑作《四人の使徒》の着想元は、この《フラーリの祭壇画》の左右の2枚の画面にほかならなかった。

　サン・ザッカーリア聖堂にある**《サン・ザッカーリアの祭壇画》**㉘［左頁］は、ベッリーニの一連の聖会話図の最後の作

ジョヴァンニ・ベッリーニ**《サン・ザッカーリアの祭壇画》**（部分）28
この画家が得意とした、聖母子を聖人たちが取り囲む「聖会話」形式の集大成となる作品であり、深い瞑想的雰囲気に見る者の心も洗われる。

品で、その集大成といえるもの。左右の端に風景が見えるが、これはこの画家が聖会話図に導入した新たな要素である。祭壇の枠の柱が画中にも描かれ、絵を取り囲むアーチが画中で繰り返されている。それによって、三次元の立方体の空間ができ、そこに聖母や聖人たちが位置するかのようなイリュージョンを与える。ベッリーニの祭壇画が当初の場所にあるのは珍しく、実際の教会空間と画中空間が有機的に結合するこの画家の工夫が見事に示されている。

ベッリーニの絵は色彩が繊細で美しく、静謐かつ上品でありながら豪華で、何度見ても飽きない。「ベッリーニ」というヴェネツィア発祥のピンク色のカクテルがあるが、それと同じようにしみじみと味わい深いのだ。

アンドレア・マンテーニャ《**聖セバスティアヌス**》25 最晩年の作品で、現在はフランケッティ美術館(カ・ドーロ)の礼拝堂めいた空間に展示。斑模様の石の枠から一歩前に出るように描くことで、ヒロイックな肉体の存在感を強調している。1497年以降　テンペラ、カンヴァス　210×91cm

華麗な風俗絵巻を描いたカルパッチョ

カルパッチョ《**竜を退治する聖ゲオルギウス**》(部分) 31
武闘派聖人や馬が格好良いのはもちろんだが、地面に散らばる悪竜の犠牲者のムクロや白骨にも力が入っている。腕や脚の断面の解剖学的描写の迫力！　この絵のあるスキアヴォーニ同信会館は、宮殿のように巨大な聖ロクス同信会館[38〜39頁他]などに比べるとささやかながら、カルパッチョ作品が堪能できる。1501〜02年　油彩、カンヴァス　141×360cm　スキアヴォーニ同信会館

ベッリーニ工房から出たヴィットーレ・カルパッチョ（1455頃～1525頃）は、ジェンティーレの大規模な説話表現を継承し、賑やかな大画面を多く制作した。9点からなる《聖ウルスラ伝》の連作は、アカデミア美術館の目玉といってよい大作群で、1488年に聖ウルスラ同信会が画家に依頼したもの。ブルターニュの王女ウルスラは、異教徒のイングランド王と婚約するに際し、1万1000人の乙女たちとローマに巡礼に行くことを条件としたが、この巡礼の帰途、ケルンでフン族に全員が殺害されたという。主題は伝説だが、生き生きと描かれた街並みや人々の様子は当時のヴェネツィアのものである。連作のうち「**イングランド使節の到着**」㉙［上］では、画面は3つの部分に分けられ、中央の場面でイングランド使節がブルターニュ王に謁見している。右の場面はウルスラの寝室で、彼女は父王に対し、指を折って結婚の条件を数えている。左の場面は物語と関係のない人物たちだが、寄進者の

カルパッチョ《聖ウルスラ伝》より「**イングランド使節の到着**」29
アカデミア美術館第21室を埋める《聖ウルスラ伝》連作9点より。
ヒロインの王女ウルスラは右端で、父のブルターニュ王と懇談中。
1497〜98年　油彩、カンヴァス　275×589cm

ピエトロ・ロレダンが左端に立つ。多くの人物が思い思いの方向を見ており、中景は犬や小人など、主題とは無関係な現実的モチーフで埋め尽くされている。

アカデミア美術館には、福音書記者聖ヨハネ同信会館を飾っていた《**リアルト橋の奇跡**》30［59頁］もある。これは、グラード総大司教が、リアルト橋近くの宮殿で、聖十字架を用いて悪魔に憑かれた男を治癒した話を描いたもの。治癒の行為は画面左の建物の開廊に描かれ（掲出の図版ではカットされてしまっている）、それ以外はリアルト橋周辺のにぎわいが活写されている。木造のリアルト橋や、1478年の火災前のドイツ人商館やカ・ダ・モストなどの実景は歴史資料としても貴重であり、今もヴェネツィアで見られる逆紡錘形の煙突が林立し、アルターナ（屋上テラス）や干した洗濯物といった細部も克明に描写されている。ジェンティーレ・ベッリーニの類似作品よりも生命感や動きがあり、とくに様々な姿態でゴンドラをあやつる若者たちの姿が

カルパッチョ《**聖アウグスティヌスの幻視**》㉜
73頁の作品と同じくスキアヴォーニ同信会館を飾るカルパッチョの壁画。左下にちょこんと座った犬が愛らしい。1502年　油彩、カンヴァス　141×210cm

リズミカルに表され、18世紀のヴェドゥータ（街景画）の先駆となっている。

スキアヴォーニ同信会館の壁画はカルパッチョの壁画で唯一、当初の空間に遺るもの。スキアヴォーネとはダルマチア出身のスラブ人のことで、彼らはヴェネツィアで船員や職人となり、1451年に同郷者による同信会の設立を許可された。会館内部は、ダルマチア地方に縁のある聖ゲオルギウス、聖トリフォニウス、聖ヒエロニムスという3人の守護聖人のエピソードが描かれた壁画で覆われている。

左側最初の壁の《**竜を退治する聖ゲオルギウス**》㉛［73頁］は、横長の画面を生かした単純な構図ながら、竜の犠牲となって地面に散らばる不気味な死体や髑髏、背後の空想的な建築や丘陵が興味深い。

この絵と向かいあう右側手前の壁面には、《**聖アウグスティヌスの幻視**》㉜［上］がある。聖ヒエロニムスが亡くなったとき、聖アウグスティヌスが書斎でその声を聞いたという珍しい主題である。机に向かって書きものをしている聖アウグスティヌスが、ふと顔を上げて、光の差す方を見ている。周囲には、多くの書物や文具があり、当時のヴェネツィアの人文主義者の書斎もかくやと思わせる。画面左の床にちょこんと座るマルチーズ犬がかわいらしい。

カルパッチョの作品は、全盛期のヴェネツィアの活況を今に伝える華麗な風俗絵巻であり、主題と関係なく豊富に描写された細部は、実際に絵の前に立って隅々まで見ると、思わぬ喜びをもたらしてくれる。こうした細部描写に加え、正確な光の描写は、ピエロ・デラ・フランチェスカやアントネッロ・ダ・メッシーナからの影響をうかがわせる。しかし、明快な線描によっておとぎ話風の物語を描くカルパッチョの作風は、この時期には時代遅れのものとなっていたのである。

ヴェネツィアのルネサンス建築

上・中／サンタ・マリア・デイ・ミラーコリ聖堂は、ロンバルド親子が建設。外（上）も内（中）も多色大理石や斑岩で化粧張りされた晴朗なルネサンス様式のたたずまいから、「ヴェネツィアの宝石箱」とも。1489年完成。

絵画と同じく、建築と彫刻においてもようやく1460年代、アントニオ・リッツォとピエトロ・ロンバルド（1435〜1515）という2大巨匠によってルネサンスの古典主義が導入される。**サンタ・マリア・デイ・ミラーコリ聖堂**はその愛らしく美しい姿から「ヴェネツィアの宝石箱」と言われる。奇跡を起こすといわれた聖母のイコンを納めるために、1481年から89年にかけてピエトロ・ロンバルドが息子トゥッリオとアントニオの協力のもとに建設した。赤や緑の多色大理石を組み合わせ、半円アーチや付柱といったルネサンス建築の造形要素が装飾的な効果を上げている［左上］。内部も、ピンク、グレー、白、銀といった貴重な多色大理石や斑岩によってタピスリーのように装飾されている［左中］。ここに用いられた大理石はサン・マルコ聖堂に用いられたものの余りものであるともいわれている。外部と内部の印象が完全に一致し、全体が洗練された美的感覚で統一されている。

ロンバルド一家とほぼ同時代に活躍したマウロ・コドゥッシは、サンタ・マリア・フォルモーザ聖堂など、トスカーナ・ルネサンス様式に基づく明快な建築を定着させた。サン・マルコ広場にある時計塔も彼の手になる。**サン・ザッカーリア聖堂**は、当初のゴシック式の聖堂を15世紀中頃にアントニオ・ガンベッロが改築したが、これを引き継いだマウロ・コドゥッシは上層をルネサンス様式のフアサードとし、1515年にそれが完成した。下部には控えめなスケールでルネサンスの幾何学的なデザインが見られるものの、上層部は大きく単純な半円形を大胆に組み合わせた堂々たるファサードになっている［左下］。サンティ・ジョヴアンニ・エ・パオロ聖堂に隣接する**サン・マルコ同信会館**［60頁］も、コドゥッシによる典型的なルネサンス様式のフアサードをもち、1階部分にはトゥッリオ・ロンバルドによる浮彫が見られる。

サン・ザッカーリア聖堂は、所蔵する絵画作品もすごいが、マウロ・コドゥッシが完成させたファサードも魅力的。かなりトスカーナふう。

ヴェネツィア彷徨**2**

迷宮を繋ぐ橋の話

水の都ヴェネツィアには無数の橋があり、少し歩けば必ず橋をわたることになる。ただ、ヴェネツィアを東西に二分する大運河（カナル・グランデ）には現在でも4本の橋しかなく、長らく中央の**リアルト橋**のみであった。その周辺は商業の中心地であり、商工の取引所、魚・肉・野菜の市場、陸の税関などがひしめき、ヴェネツィアでもっとも活気ある一角であった。

カルパッチョの《**リアルト橋の奇跡**》30［59頁］に描かれたように、12世紀末に作られたこの橋は当初、木造のはね橋であった。2度も建て替えられたが、1524年に倒壊したとき、新たに石造の橋が架けられることになった。サンソヴィーノ、パラーディオ、ミケランジェロといった内外の錚々たる建築家たちがデザインを提出した末に、最終的に選ばれたのは無名のヴェネツィア人アントニオ・ダ・ポンテの案であった。1588年から91年にかけて建造された新たな橋［下］は長さ48メートル、橋の上には12のアーチがつき、2列の店舗が並ぶ。アーチの下には共和国の守護聖人、聖マルコおよび聖テオドロスと、建国の日にちなむ受胎告知の浮彫が施されている。ヴェネツィアという祝祭都市を象徴する華やかさをもつこの橋は、水上の凱旋門といってよい。

これと逆に、ヴェネツィアの陰の側面を示すのが**溜息橋**［左頁］だ。ドゥカーレ宮殿内の牢獄が手狭になり、1589年から1614年にかけて、運河を挟んだ東側に新たな監獄が建設された。設計は、リアルト橋の作者アントニオ・ダ・ポンテほか2名。その完成に先立ち、1602年、ドゥカーレ宮殿と新牢獄をつなぐ橋が、ダ・ポンテの甥アントニオ・コンティーニによって作られる。ドゥカーレ宮殿内の法廷から護送される囚人が一瞬、ここから外の景色を見て溜息をついたであろうということから、19世紀以降、この名でよばれるようになった。ヴェネツィアは、公安組織が高度に発達した恐るべき警察国家でもあった。政府は犯罪や陰謀に苛烈な態度で臨み、スパイや密告が横行し、拷問や秘密裏の処刑も一般的であった。平和と独立を保つために必要だったとされるが、旅行者にさえその恐怖は共有されていた。溜息橋は、そんなヴェネツィアの暗部を想起させずにはいない。

日本の橋（＝端）が、彼岸と此岸、聖と俗をつなぐ象徴となってきたのと同様、ヴェネ

ツィアの橋もまた異界への通路であり、運河をすべるように行き来するゴンドラも、ひとつひとつが橋のようなものだ。1577年のペスト鎮静化を感謝して7月の第3日曜日に行われるレデントーレの祭りでは、ジュデッカ運河に**レデントーレ聖堂**［103頁下］への舟橋を架け、盛大な祝祭が行われる。また、11月21日には、1630年のペスト終結を記念して、市民が舟橋によって大運河を渡り、サンタ・マリア・デラ・サルーテ聖堂［113頁］に参詣するサルーテの祭りがある。これら仮設の舟橋はまさに聖域にいたる回路であった。いずれも、ペストで死んだ人々を悼み、1日だけ彼らの世界に行って無病息災を願うための装置である。

深夜や冬の日にヴェネツィアを歩くと、橋を渡るたびに、徐々に夢の世界に迷い込むような気分にとらわれる。この迷宮都市では、今しがた通ったはずの橋を再び渡ることも多い。彼岸に移ろうようでありながら、いつのまにか現実に舞い戻ってくる往還の感覚。かすかな水音とたちこめる死の気配の中で、この町の闇の奥、さらに自分自身の内面深くに入って行く気さえするのだ。

右頁／ヴェネツィア最古の橋リアルトが石造橋となったのは1591年のこと。周辺は昔から街の中心地で、市場、税関、穀物倉庫などが集中する天下の台所だった。
上／ドゥカーレ宮殿(運河の左)内の法廷・牢獄と、対岸の新牢獄をつないだ溜息橋。

ヴェネツィア彷徨3

陰日向に生きた女たちの話

ヴェネツィアは、景観や美術だけでなく女性が名物であった。女といっても堅気ではなく、商売用の女、つまり娼婦である。

ヴェネツィア文化が最高潮を迎えた16世紀、人口は17万人と過去最高に達したが（ちなみに現在の本島はわずか9万人）、うち娼婦が1万人以上もいたという。当時の娼婦のもうひとつの中心地はローマであったが、教皇庁お膝元の宗教都市ローマに対し、自由な空気にみちた国際港湾都市ヴェネツィアは娼婦の楽園であった。ヴェネツィアでは、遺産の分散を避けるために結婚するのは兄弟のうち1人に限ることが多く、16世紀には約半数の貴族が生涯独身であった。おびただしい数の独身者

ドレスの中身はこうなっていました。
16世紀の版画より

左／《**ゾッコリ**》㉝　16～17世紀初頭
木、なめし革、骨　高15.5cm
上／《**カルカニェッティ**》㉞　15世紀半ば　木、白のなめし革　高50cm
共にコッレール美術館

たちと船乗りたちの性的欲求のはけ口として、膨大な娼婦の需要が生まれたのである。

今でもリアルト橋近くのサン・カッシアーノ地区に「おっぱい橋（ポンテ・デレ・テッテ）」という橋があるが、この界隈は娼家が建ち並ぶいわゆる赤線地帯であった。こうした地域では、娼婦は窓辺に胸をさらし、表に足をたらしておくべし、という奇妙な条例があったという。男色の流行により人口が減少することを憂慮した政府が、男たちをしっかり誘惑して、自然の欲望をかきたてようとしたのである。しかも、娼家からの税は政府にとっては重要な財源であった。政府自体が娼婦たちの最大の元締めであったのだ。

娼婦も階層が分化し、富裕層と交わり、その邸宅に出入りする高級娼婦はコルティジャーナとよばれた。教養人と対等に会話でき、詩や音楽に通じ、自らサロンを主宰することもあった。『好色浮世噺』などの好色文学でも知られる16世紀の文人アレティーノは生涯を独身で通したが、彼の邸宅にはアレティーナとよばれる複数の女性が出入りしていた。彼の友人ティツィアーノがヴィーナスやマグダラのマリアのモデルにしたのはこうした女性たちである。コルティジャーナのうちには、ガスパラ・スタンパやヴェロニカ・フランコのように文学史に名を遺した女流詩人もいた。

高い教養と美貌を誇った高級娼婦たちの中には歴史に名を残した女性もいる。
ジャコモ・フランコ**《有名な高級娼婦》**35
17世紀　コッレール美術館

ヴェネツィアでヌード美術が発生し、女性美を強調した官能的な美術が流行した要因は、この町が娼婦にあふれる歓楽の都だったからであることはまちがいない。

ヴェネツィアの女は、貴族のような華美な衣装をまとい、ゾッコリやカルカニェッティという、ときに50センチに達することもある高下駄のような木靴［右頁］をはいて闊歩した。とくに彼女たちの売りは、「ヴェネツィアのブロンド」として知られた玉虫色の金髪である。といっても天然のものではなく、娼婦たちは髪をその色に染めるために、アルターナ（屋上のテラス）で、幾種類もの水溶液や灰汁をつけた髪を暑さに耐えながら日にさらした。ティツィアーノやパルマ・イル・ヴェッキオの描く女性の豊かで見事なブロンドは、こうした努力の賜物だったのである。

しかし、彼女たちの末路の多くは哀れなものだった。年齢とともに零落し、性病にかかり、修道院か病院に収容される者も多く、物乞いに身を落とす者もあったという。ザッテレの河岸には、梅毒にかかった娼婦を収容するために16世紀に建てられたオスペダーレ・デリ・インクラービリ（不治病者施療院）がある。ヨシフ・ブロツキーや須賀敦子は、その前の河岸で彼女らに覚えた哀愁をエッセイに記しており、現在ブロツキーの記念プレートが建物の塀に貼られている。生の逸楽の後にくる死と頽廃は、ヴェネツィアすべての底流をなしているといってよい。

ティツィアーノ《**ペーザロの祭壇画**》38 《聖母被昇天》（カヴァー、1頁）と同じ聖堂の側廊にある。アシンメトリーな構図とやたら巨大な円柱は、堂内にある実際の円柱が絵の中にまで続いているように見せる効果を狙ったもの。1519～26年 油彩、カンヴァス 478×268cm サンタ・マリア・グロリオーサ・デイ・フラーリ聖堂

第 III 章

ティツィアーノの世紀

巨匠たちが彩る黄金時代

16世紀

ティツィアーノ**《イサクの犠牲》**39
愛する息子イサクに手を下そうとするアブラハムのダイナミックな身体表現は、天井画の見上げ効果を周到に計算した革新的なものであった。
1542～44年　油彩、カンヴァス
328×285cm　サンタ・マリア・デラ・サルーテ聖堂

同じく道路側にティツィアーノが描いたフレスコ壁画《**正義の擬人像**》（部分）㊱（フランケッティ美術館）。

ジョルジョーネが元ドイツ人商館［86頁］の運河側外壁に描いたフレスコの女性ヌード㊱（グリマーニ宮）。

詩的な理想郷を描いたジョルジョーネ

1

1500年、レオナルド・ダ・ヴィンチがヴェネツィアを訪れて短期間滞在した。彼がそこで制作したかどうか不明だが、レオナルド流のスフマート、つまり線を用いずにやわらかい陰影で奥行きを表現する方法は、ジョヴァンニ・ベッリーニの開発した色彩中心の様式とともに、ヴェネツィア絵画に新たな段階をもたらした。

　レオナルドのヴェネツィア来訪は、彼が仕えていたミラノ公国がフランスの軍門に下ったためであり、彼はフィレンツェに帰る途中、平和なヴェネツィアに立ち寄ったのである。当時のイタリアは戦乱の時代であり、フランス、スペイン、神聖ローマ帝国など列強がしのぎを削る戦場であった。ヴェネツィアだけは独立を保つのみか、戦乱に乗じて領土を拡張さえしたが、1508年、列強やイタリア諸国が、カンブレー同盟を結成、ヴェネツィア領土の再分配を求めて戦闘を開始するとさしもの共和国も危機に陥った。持ち前の巧みな外交戦略を駆使して敵を分断し、何とか独立と領土は保ったものの、政府財政は度重なる戦争によって逼迫した。

　一方、海上交易ではスペインとポルトガルに地中海貿易の主導権を奪われ、1453年にビザンツ帝国を滅ぼしたオスマン・トルコの進出も激しかった。ヴェネツィアはやがて、トルコにより、ギリシャやダルマチア、キプロス島などを失うことになる。

　こうした趨勢を受け、商人たちは本土での産業に目を向けはじめた。貿易不振から行き場を失った運用資金は、毛織物、ガラス、レース、印刷業といった各種の地場産業に投資される。商人たちは、貿易主体であったときの多忙さから身をひき、次第に刹那的で享楽的となった。貴

荒々しいまでに躍動感溢れる〝受胎告知〟。これこそ、晩年のティツィアーノが到達した境地だった。ティツィアーノ《**受胎告知**》41　1565年　油彩、カンヴァス　403×235cm　サン・サルヴァドール聖堂

天才ティツィアーノの影で

宮能的な女性像を得意としたパルマ・イル・ヴェッキオ（1480頃〜1528）のような優れた画家もいたが、ティツィアーノの力量はあまりにも甚大で、16世紀半ばまではほとんど独り勝ちの状態が続いた。そのため、才能がありながらもヴェネツィアを後にせざるをえない画家も多かった。

ポルデノーネは、ティツィアーノのライバルとして一時期その公式画家の地位を脅かし、短縮法を駆使した劇的な大画面壁画を得意としたが、その力量を示す大作はヴェネツィアではなく、クレモナや故郷のフリウリ地方にしか遺っていない。

ヴェネツィア出身のロレンツォ・ロット（1480頃〜1556）は、トレヴィーゾやマルケ地方を放浪し、ベルガモで成功を収めて1525年に帰郷するものの、あまり仕事を得られず、1549年

ロレンツォ・ロット《聖アントニヌスの施し》42
1542年　油彩、カンヴァス　332×235cm
サンティ・ジョヴァンニ・エ・パオロ聖堂

ロレンツォ・ロット《若者の肖像》43　1530年頃
油彩、カンヴァス　98×111cm　アカデミア美術館

にヴェネツィアを離れて貧困のうちに没した。サンティ・ジョヴァンニ・エ・パオロ聖堂にある**《聖アントニヌスの施し》**42［右頁上］は、ヴェネツィアにある数少ないロットの祭壇画である。画面下部には物乞いがひしめき、施しを受けようとしている。しかし、その上にいる2人の聖職者は、誰に施しを与えるべきかを吟味しており、画面右端の者には拒絶の身振りをしている。当時、ヴェネツィアでは教会や同信会が社会福祉を担っており、うまく機能していたが、偽乞食も多かった。

アカデミア美術館にある**《若者の肖像》**43［右頁下］は、小道具によってモデルの人生や性格を示唆するロットの肖像画の典型だ。画面左奥に狩猟の笛やリュートがあり、右上には死んだ小鳥が吊り下げられている。テーブルの上には薔薇の花びらが散らばっており、開封した手紙や指輪、トカゲが見える。図像解釈には諸説あるが、いずれにせよなにかわけありな青年で、気難しい性格だったロットならではの忘れがたい肖像画である。

16世紀後半になると、ティツィアーノが諸外国からの注文に忙殺されるようになり、ヴェネツィア画壇は、多くの才能ある画家が競いあう状態となった。ヴェネツィア近郊バッサーノ・デル・グラッパの画家一族に生まれたヤコポ・バッサーノは、農民の登場する田園風俗画や夜景画に特色を発揮した。サン・ジョルジョ・マッジョーレ聖堂には夜景画の傑作**《羊飼いの礼拝》**44［左］がある。ヤコポの息子フランチェスコとレアンドロはヴェネツィアに移住して公的な壁画を制作したが、様式はあくまで父の影響下にとどまっていた。フランチェスコは、ティントレットやヴェロネーゼが大活躍するヴェネツィアで活路を見出せなかったせいか、身投げ自殺している。

ヤコポ・バッサーノ**《羊飼いの礼拝》**44
バッサーノは、光と影の対比でドラマチックな画面を描き出す夜景画の名手だった。1590～91年　油彩、カンヴァス　421×219cm　サン・ジョルジョ・マッジョーレ聖堂

バロックの先駆者ティントレット

ティントレット《**最後の審判**》**46** ティントレットは概してどの作品も黒々とした印象だが、この作品は中でも別格。高14・5メートルの巨大画面がイカ墨スパゲッティのように塗りこめられており、目をこらすと、罪人を飲み込む大洪水と阿鼻叫喚の光景が広がっている。1560～62年 油彩 カンヴァス 1450×590cm マドンナ・デッロルト聖堂

ティントレット《**奴隷の奇跡**》（部分）㊺ 伝説上の物語をダイナミックに描いて大きな話題を呼んだティントレットの出世作。「はじめに」で紹介されたツルゲーネフ『その前夜』のヒロインたちが見て爆笑したのは、この作品。1547～48年 油彩、カンヴァス 416×544cm アカデミア美術館

ヴェネツィア生まれのティントレット（１５１８〜９４）は、１５４８年、聖マルコ同信会館の大広間に描いた《**奴隷の奇跡**》㊺［93頁］によって注目を集めた。中空を飛ぶ聖人と倒れた奴隷の2人が、別の方向から短縮法で捉えられており、劇的な構図と鮮烈な色彩、強烈な明暗や生き生きとした筆触はバロックを先駆する。この画家もティツィアーノと同じく、晩年まで筆力が衰えず、おびただしい数の作品を制作した。ヴェネツィアでもっとも頻繁に目にする画家であり、作風は個性的で容易に判別できる。しかし、息子や娘も画家となり、大きな工房を構えたため、工房作も多い。

マドンナ・デッロルト聖堂はティントレットの家に程近く、彼の菩提寺である。右側廊には《聖母の神殿奉献》があり、内陣の右壁には《**最後の審判**》㊻［92頁］、左壁には《黄金の子牛の礼拝》という大作がある。いずれも高さが14メートルもある非常に縦長の画面である。《最後の審判》では、ミケランジェロの同主題作品に見られた伝統的な正面性に代わって、斜めに奥に向かう空間に多数の人物が溶け合うように入り乱れる。画面下部では罪人を飲みこむ急流が見られ、大洪水という終末的なヴィジョンが表現されている。

聖ロクス同信会館の装飾は、ティントレットが20年以上かけて取り組んだライフワークである。この同信会は１４７７年にペストが流行したときにペスト患者の守護聖人聖ロクスの名を冠して病人の看護を目的に設立され、８５年には聖人の遺体が南仏からもたらされる。１５１６年、バルトロメオ・ボンによって同信会館の建設が開始され、１５４９年に完成した。絵の制作時期は3期に分かれ、まず１５６４年から６７年にかけて2階の接客の間の天井画と受難伝壁画［１２８頁］、次に１５７５年から８１年にかけて2階の大広間の旧新約聖書の壁画と天井画［11頁］、最後に１５８３年から８７年にかけて1階の集会所の聖母伝壁画が描かれた。

最初に完成したのは接客の間の《**聖ロクスの栄光**》㊼［１２８頁］である。この絵についてはコンペがあり、サルヴィアーティ、ズッカリ、ヴェロネーゼらとともにティントレットにも構想の素描の提出が求められた。ところがティントレットはいきなり完成作を天井に設置してしまい、これを同信会に寄贈すると申し出たため、それ以外の壁画もすべてティントレットに依頼されることになったとヴァザーリは伝えている。強引ともいえるやり方で、注文を貪欲に獲得する画家であったが、それなりの自信があったのに違いない。たしかに《聖ロクスの栄光》の短縮法と明暗法は、下から見上げたときわめて効果的であり、実際に作品を設置して判断してほしかったのだろう。翌年、ティントレットはこの同信会の会員になっている。

2階の大広間の天井には中央に大きな画面が3点あり、奥から《**マナの収集**》、《**青銅の蛇**》、《**岩から水を湧き出させるモーセ**》❸である［11頁］。これらは

通例を破り、天から降り注ぐマナ（食物）に人々は無関心。ティントレット**《マナの収集》**48　1592〜94年　油彩、カンヴァス　377×576cm　サン・ジョルジョ・マッジョーレ聖堂

それぞれ、貧者に食物を与える、病者を看護する、渇きを癒す、という同信会の通常の慈善行為を表している。いずれも、大胆な仰視法と強烈な明暗法によるダイナミックな構成が、見る者を圧倒する。

　サン・ジョルジョ・マッジョーレ聖堂の主祭壇の左右の壁面には晩年のティントレットが描いた**《最後の晩餐》**7［41頁中］と、**《マナの収集》**48［上］が設置されている。ティントレットの《最後の晩餐》はヴェネツィアでは、聖ロクス同信会館をはじめ、サン・トロヴァーゾ聖堂、サン・ポーロ聖堂、サント・ステファノ聖堂などいたるところで見られるが、最後に描かれたこの絵がもっとも劇的で、この画家が最晩年まで衰えなかったことを雄弁に示す。これと向かいあう《マナの収集》は、「最後の晩餐」の予型としてしばしば対になる主題で、通常は聖ロクス同信会館の天井画のように、天から降ってくる白いマナをユダヤ人たちが喜んで集める情景が描かれるが、ここでは、奇妙なことに地面に散らばるマナを誰も拾わず、鍛冶、行商、糸紡ぎ、洗濯といった日々の仕事にいそしんでいる。そのため、ここに描かれたのは、不信心なユダヤ人たちであり、さらに聖体の神性を信じない新教徒をさすともいわれてきた。だが、日々の労働と信仰とは相補うものであり、活動も瞑想もともに大切であるという考えから、民衆の労働が肯定的に描かれていると見ることもできよう。

　1585年6月26日、日本から天正遣欧少年使節がヴェネツィアを訪問した。彼らは元首以下、国を挙げての歓待を受け、ティントレットはドゥカーレ宮殿の大評議会室で4人の等身大の肖像画を描き、そのために2000スクードという大金が支払われたという。この肖像画は残念ながら遺っていないが、ティントレットが選ばれたのは、彼が当時ヴェネツィア一の画家であったことに加え、少年使節の忙しいスケジュールの合間にすばやく描き上げる技術があったからであろう。少年たちは、8年にわたる旅行を終えて帰国した後、訪問地でもっとも印象に残ったのはヴェネツィアであったと答えたという。

鮮烈な色彩
ヴェロネーゼ

ヴェロネーゼ《**レヴィ家の饗宴**》㊾
「最後の晩餐」として描かれたが、異端審問により画題を変更した作品。
1573年　油彩、カンヴァス　555×1305cm　アカデミア美術館

稀代のカラリスト、ヴェロネーゼ（1528～88）はヴェローナで生まれ、そこで修業した。1555年までにヴェネツィアに移住し、ドゥカーレ宮殿の十人委員会の間を装飾。1556年、ティツィアーノに評価されてサン・マルコ図書館装飾のコンペに優勝、その後は幅広く活動し、華麗な色彩と古典的な造形によって祝祭性に富んだ画面を制作した。

アカデミア美術館にある代表作**《レヴィ家の饗宴》**49［96～97頁］は、聖書の世界を16世紀のヴェネツィアの饗宴に置き換えた彼の典型的な宴会画である。パラーディオ風［102～103頁参照］の建築的背景に、数多くの人物が登場するが、聖書の1場面であることを示唆するのは柱に囲まれた中央の部分のみ。当初は「最後の晩餐」としてサンティ・ジョヴァンニ・エ・パオロ聖堂の食堂を飾るために描かれた。1573年異端審問所に喚問されて、主の晩餐にふさわしからずと非難されたが、画題を「レヴィ家の饗宴」に変えるだけで決着した。このときの異端審問官と画家との問答は名高いが、ヴェロネーゼは、画家には詩人と同じく自らの空想を表現する自由があり、とくに大画面にはそのような余地があるのだと主張した。

ヴェロネーゼにとってティントレットの聖ロクス同信会館にあたるものが**サン・セバスティアーノ聖堂**である。彼は1555年から10年以上かけて祭壇画からフレスコ壁画、天井画まで内部装飾のほとんどを制作したが、とくに**「エステル記」の天井画**50［左頁］の3点は、仰視法による大胆な構図と華麗な色彩によってヴェロネーゼの特質をよく示している。

最近修復が終わったこの絵を間近で見ることができたが、目の覚めるような鮮烈な色彩に打たれた。ヴェロネーゼの作風は、2世紀後の18世紀にリバイバルし、ヴェネツィア最後の美を生み出す原動力となる。

酔っぱらいや小人、動物たちなど、細部にまで宗教画らしからぬ演劇的要素が描きこまれた画面は、まさに〝饗宴〟！

ヴェロネーゼ《**エステルの戴冠**》(部分) 50
旧約聖書「エステル記」の物語を描いた連作天井画のうちの1点。近年の洗浄で、その色彩はまさに輝くばかり。1555～56年　油彩、カンヴァス　450×370cm
サン・セバスティアーノ聖堂

ドゥカーレ宮殿の装飾事業

ドメニコ・ティントレット**《コンスタンティノープルの攻略》**52
ティントレットの息子ドメニコの作。父の工房の後を継ぎ、独自の画風も切り拓いた。1598〜1605年　油彩、カンヴァス

ドゥカーレ宮殿の大評議会室には、1474年からベッリーニ兄弟以下、ティツィアーノ、ティントレット、ヴェロネーゼらによる油彩壁画が制作されたが、それらが完成した直後、1577年の火災ですべてが焼失してしまった。その後、ティントレットとヴェロネーゼを中心に再び部屋を装飾することとなった。正面の**《天国》**18［右頁］は当初、ヴェロネーゼがフランチェスコ・バッサーノと共同で描く予定だったが、制作が進まぬうち、1588年にヴェロネーゼが没すると、ティントレットが描くことになった。彼は、縦が7メートル、横が22メートルのこの世界最大の油彩画を、1588年から92年にかけて息子や弟子たちとともに完成させた。この壮大な天国の画面の向かって左下に小さな入口があり、それは牢獄に通じていた。まさに天国の下に地獄への門があったのである。

　天井にはヴェロネーゼ、ティントレット、パルマ・イル・ジョーヴァネが、ヴェネツィアの栄光と勝利を表す大きな円形の寓意画を描いたが、ヴェロネーゼの**《ヴェネツィアの栄光》**51［右頁］が際立っている。

　壁面を取り囲むのは、焼失前と同じ「アレクサンデル3世伝」を中心とする**ヴェネツィアの歴史を主題とした大画面**52［上］で、焼失以前の壁画連作の図様をなぞっていると思われる。11世紀以降、イタリア半島では教皇と神聖ローマ皇帝が争っていたが、ヴェネツィアはどちらにも与することなく、1177年には、教皇アレクサンデル3世と皇帝フリードリヒ1世の停戦を斡旋し、両者をヴェネツィアで和解させた。このことは、西洋を二分した皇帝権力にも教皇権力にも属さぬ共和国の独立を象徴する事件として長くヴェネツィア人の誇りとなり、大評議会室に描かれることになったのである。

　ティツィアーノをはじめ、ジョヴァンニ・ベッリーニ、ティントレット、ヴェロネーゼら巨匠たちの活躍によって、ヴェネツィアはローマに匹敵する美術の中心地となり、同時代のパオロ・ピーノやロドヴィコ・ドルチェの批評によって、ローマの線描に対するヴェネツィアの色彩という図式が理論化された。素描よりも色彩を重視するヴェネツィア絵画は、輪郭線と色彩が溶解するようなティツィアーノの表現主義的な晩年様式において、その極限に達している。20世紀アメリカの批評家クレメント・グリーンバーグは、こうしたヴェネツィア派の絵画性はその後の西洋美術に脈々と継承され、20世紀の抽象表現主義にいたるという系譜を示唆し、それを「ヴェネチアン・ライン」と名付けた。その当否はともかく、ヴェネツィア絵画が、現代にいたる絵画の可能性のすべてを開示したものであったことはまちがいない。

右頁／ドゥカーレ宮殿大評議会室。かたやヴェロネーゼの天井画**《ヴェネツィアの栄光》**51（1579〜82年）で、長径はじつに9メートル。こなた正面のティントレット**《天国》**18（1588〜92年）にいたっては、幅22メートル。世界最大のカンヴァス画。

街づくりの変遷 サンソヴィーノから パラーディオへ

フィレンツェ出身のヤコポ・サンソヴィーノ（1486〜1570）は、ローマ劫掠（1527年。神聖ローマ皇帝カール5世によるローマの破壊と略奪）を逃れてヴェネツィアに来た。1529年、建築家として最高の要職であるヴェネツィア建築総監督（プロト）となり、以後40年以上にわたってその地位に留まった。その最大の功績は、傾きかけたヴェネツィアの威信を回復し、ヴェネツィアを第2のローマにしようとした元首アンドレア・グリッティの命によるサン・マルコ広場の整備であった。この広場は、海に面した小広場（ピアツェッタ）とサン・マルコ聖堂前の広大な広場からなり、9世紀以来、ヴェネツィアの政治と宗教の中心地であった。1172年には海に向か

右頁／アンドレア・パラーディオが設計したサン・ジョルジョ・マッジョーレ聖堂。1610年

って2本の円柱が門柱のように建てられている［9頁］。サンソヴィーノは1536年から、サン・マルコ図書館、ゼッカ（造幣局）、ロジェッタ（鐘楼基部）を建設し、サン・マルコ広場を現在見るような古典的に統一された大空間に変貌させた［6〜7頁］。

パドヴァで生まれ、ローマで古代建築を学んでヴィチェンツァでデビューしたアンドレア・パラーディオ（1508〜80）は、1570年にサンソヴィーノの跡を継いでヴェネツィア建築総監督となり、ブレンタ川沿いに古代建築を模したヴィラを数多く建てた。ヴェネツィアでは、古代神殿のようなファサードをもつ**サン・ジョルジョ・マッジョーレ聖堂**や**レデントーレ聖堂**を建てたが、いずれもヴェネツィアの景観の重要なメルクマールとなる。1570年にヴェネツィアで出版した『建築四書』は古典主義建築のバイブルとなり、その影響力はイタリアのみならずイギリスなど外国で長く継続した。

サン・マルコ沖に浮かぶサン・ジョルジョ・マッジョーレ島にはもともとベネディクト会の修道院があった。1565年からパラーディオによる修道院の改造が行われ、回廊や階段、大食堂についで新たな聖堂の建設が始まり、パラーディオ没後の1610年に完成した。1791年には鐘楼が追加された。パラーディオは以前の聖堂とは建物の向きを変えて、サン・マルコ広場から海ごしに外観が眺められるようにした［右頁］。イストリア産の白大理石でできたファサード［上］は、横長と縦長の2つの古代神殿の形態を重ねあわせる画期的なもので、コリント式の付柱の支える横長の部分に対し、中央部分の4本のコンポジット式の円柱は台座によって高く上げられている（ただし、パラーディオの当初の図面にはこの台座はなかった）。遠方から望むと、破風の2つの三角形とその上に位置するドームの半円形によって堂々たる完璧な古典的形態をなしていることがわかる。パラーディオは、2つの三角屋根を重ね合わせるこうしたファサードを、これ以前、サン・フランチェスコ・デラ・ヴィーニャ聖堂でも試みており、レデントーレ聖堂ではより発展させて複雑なものとしている［下］。

上／サン・ジョルジョ・マッジョーレ聖堂のファサード。4本の柱が破風屋根を支える、単純にして力強い構成。
下／こちらもパラーディオが設計したレデントーレ聖堂のファサード。より幾何学的に複雑に進化している。

ヴェネツィア彫刻史

ピエトロ・ロンバルド**《元首ピエトロ・モチェニーゴ墓廟》**55
錚々たる名家の墓廟がならぶ聖堂の中でも異彩を放つ。周囲をとりまく美丈夫たちにつられて、故人までが棺の上でムクリと立ち上がっている！　1476~81年　サンティ・ジョヴァンニ・エ・パオロ聖堂

ヴェネツィア美術の精華は絵画だが、彫刻にも見るべきものが少なくない。建物と一体化した彫刻装飾と教会内にある墓廟がその中心である。

15世紀前半、ヴェネツィアには、ナンニ・ディ・バルトロ、ギベルティ、ミケロッツォ、アルベルティといったトスカーナの巨匠たちが来ている。とりわけ、1443年から54年にかけて、ドナテッロが近郊のパドヴァに滞在して多くの作品を制作した影響は大きかった。それでも、15世紀半ばまでのヴェネツィア彫刻の中心的存在は、ゴシック様式でサン・マルコ聖堂内の**イコノスタシス**（聖障）⑪［下］などを制作したダレ・マゼーニェ兄弟であり、ついでジョヴァンニ、バルトロメオのボン親子であった。バルトロメオ・ボンは、ドゥカーレ宮殿の**ポルタ・デラ・カルタ**（布告門）⑬［106頁］でその力量を示した。

ヴェローナ出身で、1483年にヴェネツィア建築総監督に就任したアントニオ・リッツォは、本格的なルネサンス様式を導入した15世紀ヴェネツィア彫刻最大の巨匠でもある。ゴシック様式で建設されたドゥカーレ宮殿は、1483年の火災の後、東の翼がリッツォによってルネサンス様式で再建された。**《巨人の階段》**(53)［50頁］が作られたのもこのときのこと。さらに彼はフォスカリ門にブロンズの《アダム》と**《エヴァ》**(54)［107頁下］を設置した。しかし1498年、リッツォは突然、背任横領の罪で解任され、ヴェネツィアを追放される。彼に嫉妬した者による陰謀だろうか。その地位はライバルのピエトロ・ロンバルドに渡り、ロンバルドの様式は息子アントニオとトゥッリオに継承されて発展する。

16世紀初頭には、サンソヴィーノがヴェネツィア建築総監督に就任し、盛期ルネサンスが開花する。1567年、サンソヴィーノは《巨人の階段》の上に《ネプトゥヌス》と《マルス》の巨像を設置した。13世紀にヴェネツィアにやって来た2大托鉢修道会、ドミニコ会とフランシスコ会はライバル同士であり、世紀の後半にあいついでゴシック様式の煉瓦作りの巨大聖堂を建てた。このサンティ・ジョヴァンニ・エ・パオロ聖堂［60頁］とサンタ・マリア・グロリオーサ・デイ・フラーリ聖堂［37頁］は、歴代の元首の墓廟や壮麗な祭壇画を擁し、15世紀から16世紀にかけて、ヴェネツィア・ルネサンス美術の壮大な展示場になった。

サンティ・ジョヴァンニ・エ・パオロ聖堂は、25人の元首が祀られたヴェネツィアのパンテオンであり、彼らの墓廟をたどるだけでゴシックからバロックにいたるヴェネツィア彫刻史を概観できる。入口すぐ右手にあるの

サン・マルコ聖堂内陣と身廊を分かつ**イコノスタシス**⑪には、磔刑像を中心に、ダレ・マゼーニェ兄弟作の聖母や聖人の像が並ぶ。14世紀

ゴシック期の代表的彫刻はバルトロメオ・ボンによる**ポルタ・デラ・カルタ**（布告門）13。ドゥカーレ宮殿（右）の正門で、サン・マルコ聖堂との間に位置する。奥に見えるのが《巨人の階段》（50頁）。1438〜42年

が、ピエトロ・ロンバルド作**《元首ピエトロ・モチェニーゴ墓廟》**55［104頁］。棺の上に立つ元首を中心に、総勢12人の男が立ち並び、さらに上部にはキリストら3人も立つ。それ以前の墓廟では墓主は横たわる姿で表されるのが一般的で、こうした「総立ち」の墓廟は珍しい。海外領土の獲得に熱心だったこの勇猛な元首にふさわしい形式ではあろう。

この聖堂の内陣左には、ピエトロ・ロンバルドの息子トゥッリオが制作した**《元首アンドレア・ヴェンドラミン墓廟》**56［108頁上］があるが、これは完全に古代風の均整のとれた形式となっている。父の作った《モチェニーゴ墓廟》よりも単純で、荘重な凱旋門のような構成となり、墓主は横たわった姿に戻っている。左右に立つローマ風の兵士は、トゥッリオの古代趣味を示す。

上／アンドレア・ヴェロッキオ**《コレオーニ将軍騎馬像》**　フィレンツェから強力援軍が到着！といってもこの超マッチョ銅像のモデルではなく、作った人のこと。かのレオナルド・ダ・ヴィンチの師匠で絵と彫刻の両刀使い、ヴェロッキオ渾身の力作なのだ。1494年鋳造

下／布告門をくぐり抜けた先には、ヴェネツィアの彫刻にルネサンス様式を取り入れたアントニオ・リッツォ作**《エヴァ》**54の複製がある。大理石製のオリジナル(1485年制作)はドゥカーレ宮殿屋内に移されている。

サンティ・ジョヴァンニ・エ・パオロ広場には、フィレンツェの画家・彫刻家アンドレア・ヴェロッキオによる**《コレオーニ将軍騎馬像》**［左上］が立っている。バルトロメオ・コレオーニはベルガモ人の傭兵隊長で、ヴェネツィア共和国のために数々の武勲をあげ、多大な貢献をした。亡くなるとき、膨大な財産を共和国に遺贈する条件として、自分の騎馬像を「サン・マルコの前に」設置すること

を求めた。共和国政府は、サン・マルコ広場に外国人の傭兵隊長の像を建てることは忌避したいが、遺産は譲り受けたいため、サン・マルコ聖堂ではなく、サン・マルコ同信会館の前に像を設置することにした。ヴェネツィア人の貪欲さと狡猾さを示す逸話である。ヴェロッキオは、1481年から88年までこの巨大な騎馬像を制作し、没後の94年に鋳造、設置された。ヴェロッキオの工房には若きレオナルド・ダ・ヴィンチがいたが、レオナルドが師にこの騎馬像の構想を示したと考える研究者もいる。

サンタ・マリア・グロリオーサ・デイ・フラーリ聖堂の主祭壇、ティツィアーノの《**聖母被昇天**》1［カバー、1頁］の左にはアントニオ・リッツォによる《**元首ニッコロ・トロン墓廟**》57（1473年）［右下］がそびえる。この墓廟は4層に分かれており、水平と垂直、半円形の織りなす明快な構成のうちにゴシック的な要素は払拭され、古典主義的な新たな墓廟が成立したことを告げている。この墓廟の全体の構成は、3年後に着手されたサンティ・ジョヴァンニ・エ・パオロ聖堂のピエトロ・ロンバルドによる《元首ピエトロ・モチェニーゴ墓廟》と類似する。リッツォとロンバルドというライバル彫刻家がほぼ同時期、ヴェネツィアの2大教会内に作ったよく似た墓廟を見比べるのは興味深い。

上／トゥッリオ・ロンバルド《**元首アンドレア・ヴェンドラミン墓廟**》56　同じサンティ・ジョヴァンニ・エ・パオロ聖堂内にある父ピエトロ作の墓廟(104頁)と比べてみよう。1493～99年
下／アントニオ・リッツォ《**元首ニッコロ・トロン墓廟**》57　リッツォはロンバルド父子のライバル。教会は彫刻家の対決の場でもあった。1473年　サンタ・マリア・グロリオーサ・デイ・フラーリ聖堂

バルダッサーレ・ロンゲーナとジュスト・ル・クール《**元首ジョヴァンニ・ペーザロ墓廟**》59
バロック期のびっくり墓廟！　黒人奴隷の目ぢからが妙にリアルだ。1669年　サンタ・マリア・グロリオーサ・デイ・フラーリ聖堂

ジャンバッティスタ・ティエポロ《**ロザリオの制定**》（部分）66　白を基調とした軽快な内装に映える天井画。憂き世を忘れさせる清澄なる天上界！　階段下に放逐され画面からはみ出す異端者のだまし絵にも注目。1737～39年　フレスコ　ジェズアーティ聖堂

第IV章

バロックの黄昏

最後の光芒ティエポロ

16～17世紀

ねじれ柱による主祭壇 60　ドメニコ・ロッシ設計のジェズイーティ聖堂は、ねじれ柱、金と漆喰、象嵌細工などバロック的要素に満ちた濃密な空間。1715〜30年改築。ジュゼッペ・ポッツォによる主祭壇

バロック建築の巨匠 ロンゲーナ

ロンゲーナの構想をもとに彫刻家ジュスト・ル・クールが制作したサルーテ聖堂の主祭壇。中央のイコン《**健康の聖母**》58は24年間続いたカンディア戦争の終結を記念し、クレタ島からもたらされた。

16世紀、政治経済的な凋落の傾向を見せながらも文化の絶頂に達したヴェネツィアは、17世紀には美術も含め、すべてが衰退していく。地中海ではイギリス、オランダ、フランスとの競争が激化。主要な国内産業であった毛織物業や印刷業も衰弱する。三十年戦争によって、ヴェネツィアと深いつながりのあったドイツの商工業が打撃を受けたこと、1630年にはペストが襲い5万人近い人口を奪ったことも、経済の活力を奪い、ヴェネツィア港は国際色を失って一地方港に堕していった。

また、1645年、トルコとの間にクレタ島をめぐる泥沼の戦争が始まった。このカンディア戦争によってほとんどの海外植民地が失われ、社会は疲弊し財政は危機に瀕した。共和国は戦費を賄うため、それまで厳しく限定していた貴族階級に、大金とひきかえに新たな貴族を加え入れた。その多くは商人か本土からの移住者であり、彼ら新興貴族が後のヴェネツィア文化を支えることになる。

ヴェネツィアにもローマで始まったバロックの波が押し寄せたが、その最大の巨匠が建築家バルダッサーレ・ロンゲーナ（1598〜1682）である。サンソヴィーノの弟子でパラーディオの後継者スカモッツィに学んだ彼は、ヴェネツィアの伝統をたくみにバロック化した。

1630年、ペスト終結を記念して聖母に捧げる教会を作ることになり、コンペで若いロンゲーナの案が選ばれた。この**サンタ・マリア・デラ・サルーテ聖堂**は、八角形のプランを持ち、巨大なドームの周囲には数多くの彫像とともに16個のバットレス（控壁）がある。白大理石で作られたこの外観は聖母の王冠を表すという［左頁］。集中式のプランの内部は広々として明るく、パラーディオの影響を示して古典的で簡素。**主祭壇**58［上］はロンゲーナが構想し、フランドルの彫刻家ジュスト（ヨース）・ル・クールによって制作された。ロンゲーナとル・クールはフラーリ聖堂の《**元首ジョヴァンニ・ペーザロ墓廟**》59［109頁］などでも共作した。この墓廟では黒大理石を用いた4人の巨大なムーア人のカリアティード（人像柱）が印象的だ。

ロンゲーナは、大運河に面して建つ**カ・ペーザロ**［25頁］や**カ・レッツォーニコ**［23頁］といった邸館建築でも力強いバロック様式を示した。それらはアレッサンドロ・トレミニョンやジュゼッペ・サルディに影響し、その仕事はアントニオ・ガスパリやジョルジョ・マッサリに引き継がれる。

バルダッサーレ・ロンゲーナ設計のサンタ・
マリア・デラ・サルーテ聖堂はペスト流行の
終結を記念して1630年に計画、1687年完成。

このサンタ・マリア・デル・ジーリオ聖堂では、海軍司令官風に装ったバルバロ家のアントニオがファサードの中央を飾り、下層には4人の兄弟の像がならぶ。没落しつつあった名門貴族の最後の見栄？

新興貴族フィーニ家が大金を投じたサン・モイゼ聖堂。フィーニ一族に関する記念碑でゴテゴテと飾り立てられている。教皇庁と距離をおいたヴェネツィアの教会ならではの拝金主義的バロック。

ヴェネツィア・バロック

サン・マルコ広場にも程近い**サン・モイゼ聖堂**は、繰り返し建てなおされた末、1682年にフィーニ家が財を投じ、アレッサンドロ・トレミニョンによって現在のファサード［上右］になった。その全体が、ドイツ人ハインリヒ・マイリンクが彫刻した、フィーニ家にまつわる記念碑のたぐいで覆われている。クレタ島出身のこの一家は、大金を払って貴族となった新興貴族。彼らは由緒がない分こうした装飾に熱心であり、成金趣味のようなバロック様式に結びついたのである。

サンタ・マリア・デル・ジーリオ聖堂のファサード［上左］は、1679年から81年にジュゼッペ・サルディによって建てられ、バルバロ家の記念碑で埋め尽くされている。入口上には、ル・クールによるダルマチア監督官アントニオ・バルバロの像が設置され、入口左右には

聖ロクス同信会館2階大広間の壁ぎわに連なる**フランチェスコ・ピアンタの木彫作品**62（上・下とも）が面白い。書棚を模した彫刻の右側、帽子を目深に被った像は《スパイ》、左が《憤怒》。1657〜64年

マイリンクによるアントニオの4人の兄弟の彫像が並ぶ。台座には上部と下部に6点ずつ浮彫が見られるが、これはザーラ、カンディア、パドヴァなど、アントニオ・バルバロが共和国のために活躍した都市を表している。カンディア戦争の英雄であった彼は、没するときにこのファサードのデザインを指示し、大金を遺した。バルバロ家は歴史ある名門貴族であったが、この時期には衰退し、根絶寸前であった。アントニオ・バルバロは指揮棒を握り、海軍司令官のような雄姿で表現されているが、そのような地位に就いたことはなかった。つまりここで表されたのは、没落貴族の最後の見栄であったのだ。

特定の家族や世俗の人物を教会のファサードに堂々と飾ることは、教皇庁と距離を置いていたヴェネツィア以外ではありえない現象だが、こうした試みは同時代にも非難されず、しかもこの聖堂の場合、司祭がバルバロに勧めたという。ヴェネツィアのバロックには、その政治体制と同じく、聖俗が融合したユニークな性格があるのだ。

ヴェネツィアの北のはずれにある**ジェズイーティ聖堂**はイエズス会の聖堂で、1715年から30年にかけてドメニコ・ロッシによって改築された。イエズス会は、1606年に共和国と教皇が争ったときに教皇側についたためヴェネツィアを追放されたが、政府の弱体化に乗じて1657年には再進出をはたす。新興貴族マニン家の出資で作られたファサードは、ローマやアントウェルペンなど世界中に建てられたイエズス会聖堂と同じ典型的なイエズス会様式を示す［36頁］。内部はドメニコ・ロッシによって、白と緑の大理石、金と漆喰の象嵌細工によって華麗に装飾され、天井はフランチェスコ・フォンテバッソによるフレスコと漆喰で装飾されている。

《彫刻》の擬人像は、ピアンタ本人をモデルにしたといわれている。

アントニオ・バレストラの《**羊飼いの礼拝**》61
地元市民に愛されている絵画（中央の横長の作品）。1704〜08年　油彩、カンヴァス　261×564cm　サン・ザッカーリア聖堂

ジュゼッペ・ポッツォによる主祭壇60は、ヴァチカンのサン・ピエトロ大聖堂にあるジャン・ロレンツォ・ベルニーニ（1598〜1680）の〝バルダッキーノ〟に想を得たねじれ柱によって構成され、中央には、ジュゼッペ・トッレーティによる三位一体の群像、その前にはラピスラズリのはめこまれた聖櫃が設置されている［111頁］。ポッツォはローマで活躍した有名な壁画家アンドレア・ポッツォの弟で、ヴェネツィアにベルニーニ風の豪華な祭壇形式をもたらした。祭壇の背後の上方に窓が穿たれ、明るい光を導入しているが、こうした採光の工夫もベルニーニから学んだものである。この聖堂は、建築、彫刻、絵画が一体となったベルニーニ的な総合芸術の典型であり、ヴェネツィア・バロックの華やぎの最後の記念碑となった。

16世紀に幾人もの巨匠を生んだ絵画は、17世紀には一転寂しい状況となり、自発的な発展を示すことができなかった。ライバル都市のジェノヴァでこの時代に多くの優れた画家が輩出してジェノヴァ派の隆盛を見たのと対照的である。世紀前半のヴェネツィア画壇を担ったのは、ローマ人ドメニコ・フェッティ、ジェノヴァ人ベルナルド・ストロッツィ、ドイツ人ヨハン・リスの3人で、彼らは華麗なバロック様式を導入した。

17世紀後半のヴェネツィアの主要な画家たちの大画面は、サン・ピエトロ・ディ・カステッロ聖堂とサン・ザッカーリア聖堂で多く見ることができる。後者にあるアントニオ・バレストラの《**羊飼いの礼拝**》61［上］は、ヴェネツィア市民に親しまれているクリスマスカード的な作品である。

聖ロクス同信会館の大階段［38〜39頁］は建築家スカルパニーノの設計で、左右の壁面には、1630年にヴェネツィアを襲ったペストの情景が描かれている。右側はアントニオ・ザンキによる《**ペスト退散を聖母に祈る聖ロクス**》5（1666年）、左はザンキの弟子ピエトロ・ネグリの《**ペスト終結をヴェネツィアにもたらす聖母**》6（1673年）である。ともにティントレットの壁画に触発されたように、明暗を強調した劇的な大画面で、とくにザンキの絵の手前に描かれた、橋から小舟にペストの犠牲者の死体を放り込む情景が印象的だ。

同じ聖ロクス同信会館の2階大広間の壁際に並ぶ木製の椅子には、奇妙な**木彫像**62が見られる。1657年から64年にかけてフランチェスコ・ピアンタが制作したもので、美徳や悪徳、学問や芸術などを象徴する擬人像となっているが、目深に帽子を被った《スパイ》や目隠しをされた《憤怒》のように、独自のテーマも見られる［115頁上］。《彫刻》［115頁下］としてピアンタ自身、《絵画》としてティントレットも表されている。

第2次ヴェネツィア派の勃興

元首の墓廟がひしめくサンティ・ジョヴァンニ・エ・パオロ聖堂の厳粛な雰囲気の身廊を進んでいくと、右側にサン・ドメニコ礼拝堂の華やかなバロック空間が突然広がる。天井のジョヴァンニ・バッティスタ・ピアツェッタ《**聖ドミニクスの栄光**》65を見上げると、吸い込まれるような高揚感に満たされる。1727年 油彩、カンヴァスナポレオンによる共和国滅亡を控えた18世紀、ヴェネツィアは異様なほどの文化の高揚を示す。世紀初頭にトルコの脅威が消滅し、フランス革命軍が侵攻するまでの80年間は、平和な時代となった。かつての大海上帝国は一地方国家になり下がったが、それゆえに往時の緊張感から解放され、生活を楽しむ余裕が生まれたのだ。産業は衰えたものの、財政が破綻したわけではなかった。絹織物やレース、ガラス製品や陶器などのヴェネツィア製品は、ブランド品として地位を高めており、本土の農業が維持されたためもあって、人々の暮らしが窮乏することはなかった。社会には享楽的な雰囲気が蔓延し、カーニヴァルやレガッタのような祝祭がくり返され、カフェや賭博場（リドット）が林立、**《ジュデッカ島のナーニ家での祝宴》**63［左頁］に描かれたような宴会が頻繁に催された。世界でもっとも贅をつくし、絢爛をきわめた都として、1年中カーニヴァル、毎日が日曜日であった。美術、建築に加えて、アントニオ・ヴィヴァルディ（1678〜1741）やカルロ・ゴルドーニ（1707〜93）に代表されるように音楽や演劇も活況を呈し、18世紀でもっとも輝ける文化国家となったのである。

莫大な金銭によって称号や官職を買った新興貴族は、自らのパラッツォやヴィラを飾り立て、衰微した名門貴族にかわって文化のパトロンとして台頭した。教会や修道院もこのころ、本土の荘園から

セバスティアーノ・リッチの**《玉座の聖母子と諸聖人》**64　ヴェロネーゼ風の鮮やかな色彩をよみがえらせ、ヴェネツィア派を中興した。
1708年　油彩、カンヴァス　406×208cm
サン・ジョルジョ・マッジョーレ聖堂

の収入や新興貴族の寄進によって着実に富を蓄え、各教団が競って市内に聖堂を建設し、内部を荘厳した。16世紀のヴェネツィア派の黄金時代を担ったのがもっぱら共和国政府であったのに対し、第2次ヴェネツィア派というべき18世紀のヴェネツィア派を生み出したのは、こうした新興貴族や教会の富だったのである。

建設・増改築ラッシュは、壁画への需要を増大させた。ヴェネツィアでは16世紀の壁画のほとんどがカンヴァスの油彩画を壁面に貼り付けたものであったが、18世紀になるとフレスコが見直され、流行しはじめた。過去の栄光を回顧するように16世紀の黄金時代の文化のリバイバル運動が起こり、パラーディオ風の建築やヴェロネーゼの祝祭的な絵画が求められた。セバスティアーノ・リッチ（1659〜1734）はヴェロネーゼの画風を当世風にアレンジしてバロック的装飾への道を拓いた。サン・ジョルジョ・マッジョーレ聖堂にあるリッチの《**玉座の聖母子と諸聖人**》64［右頁］は、第2次ヴェネツィア派の勃興を告げている。

リッチの影響を受けたペッレグリーニやアミゴーニらは、ヨーロッパ各地に赴き、華麗な色彩とすばやい筆触による官能的な絵画を流行させた。一方、ジョヴァンニ・バッティスタ・ピアツェッタは、カラヴァッジョ風の明暗と堅固な人物像によって際立った個性を示した。サンティ・ジョヴァンニ・エ・パオロ聖堂サン・ドメニコ礼拝堂の天井には、ピアツェッタの《**聖ドミニクスの栄光**》65［117頁］が設置されている。遅筆で寡作だったこの画家の代表作で、明るく淡い光の表現や仰視法で描かれた軽やかな天使の表現が後進のティエポロに影響した。

上／ピエトロ・ロンギ周辺の画家《**ジュデッカ島のナーニ家での祝宴**》63
踊り出したくなるほど、豪奢で楽しげな宴会の様子。1755年　油彩、カンヴァス　130×97cm　カ・レッツォーニコ

18

ヴェネツィア最後の巨匠 ティエポロ

世紀最大の巨匠ジャンバッティスタ・ティエポロ（1696〜1770）は、ピアツェッタの影響による暗い画風から出発し、やがて明るく軽やかな装飾に力量を発揮する。ヴェネツィア近郊の数多くのパラッツォやヴィラを装飾し、1750年から3年間滞在したドイツのヴュルツブルクの司教館にその最高の成果を残し、さらにマドリード宮廷に招かれてそこで没した。

　ヴェネツィアではいたるところでティエポロの作品を見ることができる。**ジェズアーティ聖堂**は、1726年から36年にジョルジョ・マッサリが建てたドミニコ会の聖堂。外観はパラーディオの古典主義から影響を受け、4つの巨大なコリント式円柱に、コーニスと三角形の破風が載っている［36頁］。この聖堂はジュデッカ運河に面し、運河に反射する陽光が両側の窓から差し込むため内部は非常に明るく、天井中央にティエポロが1737年から39年に描いた**《ロザリオの制定》**66［110頁］が映える。白亜の大階段の上でロザリオを衆生に渡す聖ドミニクスが仰視法で描かれ、その上の雲間に聖母子が見え、下方には異端が放逐されている。単色に近い清澄な色調で描かれたこのフレスコは、堂内の光と調和して見事なイリュージョンを生み出し、いつ来てもすがすがしい気分にさせる。バロックの天井画が、苦しい現世を忘れさせて天上を希求する法悦的なヴィジョンであったとすれば、ティエポロのそれは享楽的な浮世の延長に展開し、現実空間を活性化させる祝祭的なヴィジョンであったといえよう。右の礼拝堂にはティエポロが3人のドミニコ会の聖女を描いた優美な祭壇画や、ピアツェッタによる3人のドミニコ会の聖人を描いた祭壇画がある。

　ピエタ聖堂も、1736年のコンペで優勝したマッサリの建築［36頁］。孤児院が附属しており、毎年、棕櫚の聖日（復活祭直前の日曜日）には、元首が大勢の随行員たちと訪れて孤児の少女たちの合唱を聞いた。内部は楕円形のプランとなっており、天井にはティエポロが1754年から55年にフレスコで描いた**《信仰の勝利》**67［右］がある。依頼したピエタ会は画家に満足な謝礼を払えなかったが、ドイツでの仕事を終えて裕福となっていたティエポロは逆にかなりの金額を会に

楕円形で音響効果に優れたピエタ聖堂の天井を飾る、ティエポロの**《信仰の勝利》**（部分）67。1754〜55年　フレスコ

ジャンバッティスタ・ティエポロ《**クレオパトラの饗宴**》 新興貴族のラビア家が羽振りの良さを誇示するために建てたパラッツォ・ラビア。その「祝祭の間」は、建築と絵画が混然とした歓びのイリュージョン空間をなす。これぞヴェネツィアにおけるティエポロの最高傑作だ！ 1745～46年 フレスコ 650×300cm パラッツォ・ラビア

122

「祝祭の間」の全景。2階のバルコニーで宴会のBGMを生演奏させたりもしたらしい。パラッツォ・ラビアは現在、イタリア国営放送の建物となっているため、内部は非公開。時折ここで記者会見などが行われるという。右頁下が《アントニウスとクレオパトラの出会い》。

融資したという。

この聖堂は音響がよく、コンサートホールとして用いられてきた。附属孤児院は17世紀に音楽学校となり、1703年にそのヴァイオリン教師となったヴィヴァルディは、長年安い報酬で孤児の少女たちに音楽を教えるかたわら、幾多の名曲を作曲した。この聖堂で奏でられる彼の音楽は、ティエポロの天井画と響きあい、えもいわれぬ効果を与える。

ティエポロのヴェネツィアにおける最高傑作があるパラッツォ・ラビアは、1685年から1720年にかけてラビア家によって建てられた。ラビア家は、カタロニアの商人で、カンディア戦争の戦費として共和国に多額の寄付をし、1646年に貴族となった。現在はイタリア国営放送（RAI）が入っていて残念ながら見学は難しいが、いずれ全面公開されることを願っている。

ティエポロは、建築的枠組みを描く画家（クアドラトゥリスタ）の名手ジローラモ・メンゴッツィ・コロンナとともに、1745年から50年にかけて2階の「祝祭の間」の壁面と天井をフレスコで装飾した［122～123頁］。向かい合う壁面に描かれた**《アントニウスとクレオパトラの出会い》**［122頁］と**《クレオパトラの饗宴》**［121頁］は、階段を上がった舞台のような設定となっている。上部には楽団のいるバルコニーがあり、青空が開けたような天井には異教の神々が描かれている。

ラビア家は羽振りがよく、しばしば豪華な宴会を催したが、食器はすべて黄金であり、宴はてるや片端から運河に投げこまれたという。しかしこれは見せかけで、実は運河に網を張っておいて後で回収したとも噂された。「クレオパトラの饗宴」は当時好まれた主題で、女王がアントニウスを前に、真珠のイヤリングをグラスの酢に溶かしてみせ、自分の富を誇示したという逸話は、ラビア家の装飾には最適のものであった。しかも、当主である未亡人マリア・ラビアはその美貌と宝石のコレクションで知られており、クレオパトラには彼女の容貌が重ねられていると思われる。ただし、登場人物の衣裳はヴェロネーゼの時代のものである。

現実の空間と画中空間とが溶け合ったようなこの部屋に入ると、落日のヴェネツィア貴族の歓楽と嬌声に満ちた祝宴のただ中に迷い込んだような気分になり、ヴェネツィアの栄華のはかない夢がしのばれる。

ティエポロの軽やかな装飾様式はバロックの最後の光芒を示すものであり、彼はジョットに始まるイタリア美術の偉大な伝統を締めくくる巨匠となった。

ティエポロの息子で助手であったジャンドメニコ・ティエポロは優れた風俗画家となったが、ヴェネツィア貴族の日常を描いたピエトロ・ロンギのように、18世紀のヴェネツィアでは世俗的なジャンルもさかんとなった。

歓楽の都ヴェネツィアには、グランド・ツアーの流行とあいまって旅行者が増大し、観光産業が隆盛する。グランド・ツアーでヴェネツィアを訪れる観光客に人気のあったのがヴェドゥータ（都市景観画）である。カナレット［26～27頁参照］とその甥のベルナルド・ベロット、フランチェスコ・グアルディらはヴェネツィアの運河や光を克明に記録して、落日のヴェネツィアの姿を伝えてくれる。

本書は『芸術新潮』2011年11月号特集「ヴェネツィア　海の都の美をめぐる」を増補・再編集したものです。

主要参考文献

- 塩野七生『海の都の物語　ヴェネツィア共和国の一千年』全6巻　新潮文庫　2009年

- 平川祐弘『芸術にあらわれたヴェネチア』内田老鶴圃　1962年
- W. H. マクニール　清水廣一郎訳『ヴェネツィア　東西ヨーロッパのかなめ、1081-1797』岩波現代選書　1979年
- F. ブローデル　岩崎力訳『都市ヴェネツィア　歴史紀行』岩波書店　1990年
- 陣内秀信『ヴェネツィア　水上の迷宮都市』講談社現代新書　1992年
- 佐々木英也・森田義之編『イタリア・ルネサンス3（世界美術大全集第13巻）』小学館　1994年
- 宮下規久朗『ティエポロ』トレヴィル　1996年
- ステファノ・ズッフィ　宮下規久朗訳『イタリア絵画』日本経済新聞社　2001年
- 永井三明『ヴェネツィアの歴史　共和国の残照』刀水書房　2004年
- ロドヴィーコ・ドルチェ　森田義之・越川倫明翻訳・注解・研究『アレティーノまたは絵画問答　ヴェネツィア・ルネサンスの絵画論』中央公論美術出版　2006年
- 宮下規久朗『イタリア・バロック　美術と建築』山川出版社　2006年
- ローナ・ゴッフェン　石井元章監訳・木村太郎訳『ヴェネツィアのパトロネージ　ベッリーニ、ティツィアーノの絵画とフランチェスコ修道会』三元社　2009年
- ピーター・ハンフリー　高橋朋子訳『ルネサンス・ヴェネツィア絵画』白水社　2010年

- *La pittura del Seicento a Venezia; catalogo della mostra*, Venezia, 1959
- Michael Levey, *Painting in Eighteenth-Century Venice*, New Haven and London, 1959
- John Steer, *Venetian Painting: A Concise History*, London, 1970
- Johannes Wilde, *Venetian Art from Bellini to Titian*, Oxford, 1974
- Norbert Huse, Wolfgang Wolters, *The Art of Renaissance Venice: Architecture, Sculpture, and Painting, 1460-1590*, Chicago and London, 1990
- Renzo Salvadori, Toto Bergamo Rossi, *Venice: Guide to Sculpture from its Origins to the 20th Century*, Venezia, 1997
- Augusto Gentili, Giandomenico Romanelli, Philip Rylands, Giovanna Nepi Sciré, *Paintings in Venice*, Boston, New York, London, 2002
- Lorenzo Finocchi Ghersi, *I quattro secoli della pittura veneziana*, Venezia, 2003
- Marcello Brusegan, *La grande guida dei monumenti di Venezia: Storia, arte, segreti, leggende, curiosità*, Roma, 2005
- Marion Kaminski, *Venice: Art & Architecture*, Königswinter, 2005
- Touring Club Italiano, *Guida d'Italia Venezia*, Milano , 2007
- Massimo Favilla, Ruggero Rugolo, *Baroque Venice: Splendour and illusion in a 'Decadent' world*, Roma, 2009

写真

Corbis/amanaimages	p6-7, p31
Adam Burt	p13
The British Library	p14-15
The National Gallery	p16, 17
SCALA, Florence	p21, 89
AKG/PPS通信社	p23, 25
The British Royal Collection	p26-27
筒口直弘	上記以外

地図制作
網谷貴博＋村大聡子（atelier PLAN）　p34-35

ブックデザイン
長田年伸

シンボルマーク
久里洋二

「とんぼの本」は、美術、歴史、文学、旅をテーマとするヴィジュアルの入門書・案内書のシリーズです。創刊は1983年。シリーズ名は「視野を広く持ちたい」という思いから名づけたものです。

ヴェネツィア物語《ものがたり》

発行　2012年5月25日
3刷　2017年9月15日

著者　塩野七生《しおのななみ》　宮下規久朗《みやしたきくろう》

発行者　佐藤隆信
発行所　株式会社新潮社
住所　〒162-8711 東京都新宿区矢来町71
電話　編集部 03-3266-5611
読者係 03-3266-5111
ホームページ　http://www.shinchosha.co.jp/tonbo/
印刷所　大日本印刷株式会社
製本所　加藤製本株式会社
カバー印刷所　錦明印刷株式会社

©Shinchosha 2012, Printed in Japan

乱丁・落丁本は御面倒ですが小社読者係宛お送り下さい。
送料小社負担にてお取替えいたします。
価格はカバーに表示してあります。

ISBN978-4-10-602231-9 C0326